재개발
재건축
지금 사도
될까요?

재개발
재건축
지금 사도
될까요?

전국
재개발 · 재건축
주요 지역 &
사업단지별
분석 전망 수록!

심형석 · 박유현 지음

한국경제신문

그래도 투자할 곳은
재개발·재건축이다

서울은 90%에 가까운 분양물량이 재개발·재건축 사업을 통해 공급된다. 서울에서 아파트를 분양받기 위해서는 재개발·재건축을 통하지 않고는 불가능한 상태다. 따라서 서울에 내 집을 마련하고 싶다면 재개발·재건축 사업을 정확히 알아야 한다. 서울만 그럴까? 우리나라 아파트는 단기간에 대규모로 지어졌다. 30년 이상된 아파트는 50만 호 정도로 그리 많지 않다. 허나 곧 노후화될 20~30년 사이의 아파트 수는 276만 호로 전체 아파트의 28·2%에 이른다. 1988년 발표한 주택 200만 호 건설계획 때문이다. 이렇게 많은 아파트들이 새로운 옷을 갈아입기 위해 기다리고 있다. 이는 전국적인 현상이다. 주택 200만 호 건설계획으로 탄생한 1기 신도시만이 아니라 광역시들도 마찬가지다. 지방 대도시에 가보면 원도심이라 불리는 낡은 지역에 노후된 아파트들이 즐비하다.

향후 10년 동안의 부동산시장은 재개발·재건축 사업이 주도할 것이다. 현재 우리나라 주택 수요자들은 대도시 도심을 원한다. 그리고 새 아파트에 대한 열망이 대단하다. 출근시간이 OECD국가 평균의 2배가 넘고, 밥 먹듯 야근을 하는 우리나라에서 사람답게 살기 위해서는 도심에 거주하는 것이 정답이다. 세계 최고의 고령화 속도 또한 이를 가속화시킨다. 이미 은퇴를 했거나 곧 은퇴할 사람들은 병원을 비롯한 각종 편의시설이 갖춰진 도심을 떠나고 싶지 않다. 현재 대도시 도심에 아파트를 공급할 수 있는 방법은 재개발·재건축 사업이 아니면 불가능하다. 서울은 이미 택지가 바닥났으며 지방의 대도시도 상황은 크게 다르지 않다. 재개발이나 재건축사업을 통해 새 아파트가 대규모로 공급되면 경제력 있는 젊은 세대가 모여들고 지역이 활력을 되찾는다.

서울지역 최고의 주거선호지역은 대치(도곡)에서 반포 그리고 다시 개포로 옮겨왔다. 그 이면에는 재건축아파트로 새롭게 탈바꿈한 생활 인프라가 자리잡고 있다. 재개발·재건축 사업이 마무리 되면 그 지역의 아파트 가격이 급등하는 것이다. 부동산가격이 오르는 것을 좋아하지 않는 정부가 이를 탐탁지 않게 여기는 것은 당연하다.

8·2부동산대책이 발표되었다. 6·19부동산대책이 발표된 지 채 두 달도 되지 않아 새로운 부동산대책을 발표한 이유는 시장 상황이 녹록치 않기 때문일 것이다. 이런 시장 상황을 반영한 듯 예상보다 강한 대책이 나왔다. 이로 인해 부동산시장은 정중동이다. 이번 대책의

속뜻이 무엇인지, 추가대책이 나올 것인지 등 투자자들은 상황을 파악하느라 정신없다. 정부가 규제하려는 핵심 대상은 '재건축사업'과 '다주택자'다. 아파트 가격이 급등한 근원지를 잡아야 하는데 재건축아파트와 다주택자들을 그냥 두고는 쉽지 않다는 인식이다. 투기(과열)지구 지정은 예상했던 대책이지만 이 또한 재건축아파트를 겨냥한다고 봐야 한다. 모든 규제가 재건축아파트로 수렴한다. 그만큼 재건축아파트가 돈이 된다는 방증일 것이다.

계속된 정부의 부동산 규제로 인해 분양권과 입주권의 거래가 불가능해지면서 유통 가능한 주택은 급속히 줄어들 것이다. 추가로 수요억제책이 계속 나온다면 이마저도 남아 있을 것이라 확신하기 어렵다. 부동산 대책에 따른 숙고의 시간이 지나면 매매가 가능한 아파트들은 그 희소성을 인정받게 될 것이다.

틈새시장도 존재한다. 재건축 추진 초기 단계의 아파트로서 조합설립조차 이루어지지 않은 곳들이다. 왜냐하면 이번 대책은 조합설립인가 이후부터 적용되기 때문이다. 압구정동 현대아파트와 목동 신시가지 아파트 등이 틈새시장에 해당한다. 조합이 설립되었지만 사업추진 속도가 느린 경우도 거래에 제한이 없다. 잠실의 주공5단지, 둔촌 주공아파트 등은 이로 인해 조합원 지위 양도가 가능하다. 아무리 강력한 대책이지만 100%인 것은 없고 투자자들은 정부의 예상과 다르게 움직일 수도 있다.

8·2부동산대책으로 다주택자에 대한 규제 또한 강화되었다. 과거 투자자들은 괜찮은 집 몇 채가 투자의 방식이었다. 소형주택에 대한

선호현상 또한 이런 추세를 부추겼다. 전세가율이 높은 지역에서 전세를 안고 아파트를 구입하는 갭 투자는 대부분 투자 단위가 크지 않는 소형 주택인 경우가 많았다. 하지만 다주택자에게 양도세를 중과하면 과거처럼 시장은 아주 좋은 집 한 채로 돌아갈 듯하다. 여러분이 다주택자이고 집을 팔아야 한다면 어떤 집을 먼저 팔까? 시세차익이 많지 않고 가격 메리트가 낮은 서울 외곽의 아파트일 것이다.

아주 좋은 집 한 채를 보유한다면 서울 도심 내로 들어오는 것이 정답이다. 소형도 답이 되지는 못할 듯하다. 오랜 기간 보유하면서 가격이 서서히 오를 수 있는 대형 그리고 고가 아파트에 대한 관심이 증가할 것으로 보인다. 이미 입주물량에서 10%도 안 되는 40평형대 아파트가 다시 주목받는 시기가 도래할 가능성이 커졌다. 반면 입주물량에서 70%를 차지하는 국민주택인 30평형대 아파트는 어중간해져버렸다. 서울 도심이 아닌 수도권 외곽의 경우 보고 또 봐야 할 것이다. 8·2부동산대책에 따른 2가지 핵심 규제의 결론은 도심의 똘똘한 재건축아파트를 오랜 기간 보유하는 것이다. 양도세 중과에 대한 부자들의 대책은 계속 보유하는 것일 가능성이 높다. 괜찮은 아파트는 팔지 않겠다는 것이다. 앞으로 좋은 아파트는 시중에 유통되지 않아 가격만 더 오를 수도 있다.

이 2가지 핵심 규제로 서울의 집값을 잡을 수 있을까? 정부는 에둘러 공급에 대한 이야기를 하지 않지만 지금 서울 내 주택공급은 부족한 상황이다. 앞에서 언급했듯이 서울은 90%에 가까운 분양물량이 재건축사업을 통해 이루어진다. 대부분의 분양물량이 주인 있는 집을 다시 공급하는 것이다. 서울을 예로 들면 매년 1만 세대 정도인 실제 신규 분양 물량으로 주택 수요자들의 새집에 대한 열망을 잠재우기는 힘들 것이다.

재건축을 통한 주택 공급이 어려워지면 서울의 집값을 잡는 것은 원천적으로 힘들어진다. 재건축을 통하지 않고는 주택을 공급한다는 것이 쉽지 않은 현실이다. 따라서 어떤 규제가 나오더라도 재건축을 완전히 재제하기는 힘들 것이다. 정부 스스로 투기꾼들과의 싸움에서 이길 수 없는 길을 택하지는 않을 것이다. 따라서 당분간 재개발·재건축 사업은 우여곡절을 겪으면서 서울과 대도시의 새 집 열망을 채워나갈 것이다. 물론 재건축초과이익환수제와 같은 규제들로 인해 사업성은 떨어지겠지만 서울 시민들에게 꾸준히 주택을 공급할 수 있는 유일한 수단이기 때문이다.

투자자를 대상으로 하는 책을 쓰고 난 이후 특강 등을 많이 다닌다. 특강에서 만나는 독자들이 가장 많이 하는 질문은 "지금 집을 사도 되나요?"다. 혼돈의 시대에 폭탄이 터진 듯 부동산 대책도 나왔으니 갈피를 잡기 힘들 것이다. 집이란 인생의 가장 큰 쇼핑이다. 다른 쇼핑과는 다르게 집을 사는 행위는 잘못되면 가족 전체가 위험해질 수 있다. 불과 5년 전 하우스푸어란 단어가 꽤 유행했다. 집은 있지만 무리한 대출로 인해 빈곤하게 사는 사람들을 이르는 말이다. 인생 가장 큰 쇼핑은 이런 위험을 담보하고 있다. 누구라도 붙잡고 물어보고 싶지 않겠는가. 재개발·재건축 아파트라면 더욱 그러할 것이다. 오를 때는 더 많이 오르고 떨어질 때도 더 많이 떨어지는 투자 상품이기 때문이다. 이 책은 주택수요자들의 이런 물음에 조금이나마 도움이 되고자 노력했다.

이 책의 저자는 2명이다. 학교에 재직하고 있는 학자와 현장에서 직접 재개발·재건축 사업의 투자 상담을 진행하는 전문가다. 이론과 함께 현장의 목소리를 담고자 노력했다. 전혀 다른 성격의 두 사람이 함께 쓴 이 책이 서로의 장점을 배가시켜줄 수 있으리라 기대한다.

책은 4장으로 구성되어 있다. 1장에서는 재개발·재건축 시장을 분석하였다. 왜 정부의 대책이 유독 재개발·재건축 시장에 집중되는지 시장의 배경과 현황을 기술하였다. 2장에서는 투자지역을 살펴보았다. 전국에서 가장 뜨거운 재개발·재건축 지역을 선별하였다. 서울과 함께 수도권, 지방 등 골고루 포함시키려 노력했다. 서울은 재건축이 대세라면 지방은 여전히 재개발이 우위다. 재건축과 재개발의 차이를 안다면 투자지역을 고르는데 도움이 될 것이다. 3장에서는 성공과 실패 사례를 가지고 재개발·재건축을 투자할 때 유의해야 할 사항들을 짚어봤다. 마지막 4장은 도시정비사업에 참여하는 주체들 간의 이해관계와 역할을 설명하고 있다. 도시정비사업의 구조를 이해하는 것이 투자의 기본이기 때문이다. 이 책이 재개발·재건축 투자에 대한 모든 것을 설명하지는 못하겠지만 스스로 투자에 나서기 위한 지침서는 될 수 있을 것이라 기대한다.

KB국민은행의 '2017 한국부자보고서'에 의하면 국내 부자들 중 서울, 수도권 거주자의 경우 가장 유망할 것으로 예상하는 투자처로 재건축아파트(42.9%)를 꼽았다. 과거 유망투자처인 빌딩이나 상가보다 오히려 더 높은 응답률을 보였다. 재건축을 통해 강남에 지어지는 새 아파트의 경우 빌딩만큼 가격이 높은 곳도 있다. 왜 부자들도 재건축 아파트를 사려고 하는지 꼼꼼히 검토해봐야 할 것이다.

재개발·재건축 물건을 지금 사는 것이 정답일까? 어떤 전문가도 이 질문에 정확한 답을 내기 힘들 것이다. 허나 우리는 끊임없이 이런 유형의 질문을 한다. 투자자들은 이제 이런 질문에 명확한 입장을 보여야 할 것이다. 시시각각 달라지는 시장에는 단 하나의 정답은 없다. 변화무쌍한 시장에 어떻게 대응할 것인지라 중요하기 때문이다. "예측하지 말고 대응하라." 이 책이 여러분이 재개발·재건축시장에 대응하는 데 작게나마 도움이 되었으면 한다.

2017년 늦여름에

심형석·박유현

재개발
재건축
지금 사도
될까요?

차례

4장 무엇을 알아야 하는가?

1장

—

왜
재개발·재건축인가?

01

8 · 2부동산대책을 빗겨간 재개발 · 재건축도 있다

8 · 2부동산대책이 발표되었다. 6 · 19부동산대책을 발표한지 채 두 달도 되지 않아 새로운 부동산대책이 나왔다는 것은 정부가 시장을 심각하게 바라본다는 뜻이다. 이런 정부의 인식을 반영하듯 모든 이의 예상을 뛰어넘는 강한 대책이 나왔다. 청약, 거래, 대출, 세금 등 정부가 동원할 수 있는 모든 수단들이 담긴 듯하다. 국세청마저 머리띠를 둘렀다. 강남을 포함한 특정지역의 다주택자들을 세무조사하겠다는 것이다. 정부가 규제하려는 핵심대상은 '재건축사업'과 '다주택자'다. 상품만 놓고 본다면 재개발 · 재건축단지다.

재개발 · 재건축 단지에 대한 정부의 규제는 촘촘하다. 일단 전매를 막았으니 거래가 쉽지 않다. 대부분의 투자자들이 2~3년의 보유기간을 전제로 투자하는 것을 고려하면 팔기 어려운 물건을 사려고 하지는 않을 것이다. 정부는 선심 쓰듯 2018년 4월 전까지 거주하지 않는 아파트를 팔라고 하지만 받아주는 사람이 없으니 이 또한 쉽지 않다. 대출도 막혔다. 기존에 대출을 가진 사람이 투기(과열)지구에서 아파트를 사려면 LTV, DTI가 30%로 뚝 떨어진다. 심지어 은행마저 기존의 집을 팔지 않으면 대출 연장이 힘들 거라고 겁박중이다.

이렇게 어려운 시기에도 틈새는 존재한다. 8·2부동산대책을 빗겨간 것이 있다. 6·19부동산대책이 발표되었을 때의 재건축사업의 조합원 입주권을 생각하면 된다. 당시 이 상품은 전매 제한이 없어 언제라도 사고팔 수 있었다. 서울 뉴타운의 재건축 입주권은 없어서 거래를 못했다. 2017년 초 몇 천만 원에 불과하던 입주권 프리미엄이 2억 원을 넘게 올랐으니 이 상품의 인기를 그대로 반영한 사례다. 따라서 모든 재개발·재건축 단지에 규제가 동일하게 적용되지는 않는다. 불가피하게 가지고 있던 아파트를 처분해야 한다면 이의 예외를 인정해주는 부분이 8·2부동산대책에도 포함되어 있다.

먼저 재건축조합원 지위 양도는 추진 초기 단계의 경우 전매가 가능하다. 8·2부동산대책은 조합설립인가 단계 이후부터 적용되기 때문이다. 서울의 경우 압구정동 현대아파트와 목동 신시가지 아파트 등이 대상 아파트다. 압구정동의 경우 재건축사업이 지지부진하여 현재 추진위원회가 설립된 단지조차 없다. 목동은 더하다. 재건축 연한이 30년으로 단축되면서 겨우 연한을 채웠기 때문이다. 2017년에 1~6단지가 연한을 채웠고, 2018년이 되어야 나머지 단지(7~14단지)가 가능해진다. 양천구청의 지구단위계획도 2018년에야 발표될 계획이다.

조합은 설립되었지만 재건축사업 추진 속도가 느린 곳도 기존 투자자들에게 처분기회를 준다. 조합설립 2년 내 사업시행인가 신청이 없는 단지, 또는 사업시행인가 후 2년 내 착공하지 못한 단지들이다. 단 2년 이상 소유해야 한다는 조건이 붙는다. 서울에는 잠실 주공5단지, 둔촌 주공아파트 등의 경우 2년 이상 소유한 조합원은 재건축 지위 양도가 가능하다.

8·2부동산대책에는 사상 처음으로 재개발 사업장에 대한 전매제한 규정이 담겼다. 허나 해당 규제가 시행되기 위해서는 법을 개정해야 하는데다 법 개정 이후에도 이미 사업시행인가 신청 이상의 단계를 밟고 있는 사업장은 규제 대상에서 벗어난다. 수요자들의 관심이 쏠릴 가능성이 높다. 부동산114에 의하면 현재 사업시행인가 이후 단계인 재개발 단지는 모두 24곳에 달한다. 이 가운데 주택수요자들의 관심이 높은 단지로는 북아현2, 3구역, 대조1, 수색6구역, 성북구 장위4, 10구역 등이다. 부동산시장이 대책에 어느 정도 적응한 이후에는 거래가 가능한 재개발 사업장에 대한 관심이 높아질 것이다.

이렇게 대책을 빗겨간 아파트를 주목해야 하는 이유는 청약가점제가 확대되면서 새 아파트 일반 분양에 당첨되기가 더욱 어려워졌기 때문이다. 당연히 새 아파트를 조금 더 저렴하게 구입할 수 있는 재개발·재건축 단지들에 수요가 몰릴 수 있는 이유다. 정부는 강남 재건축 아파트를 잡고 싶겠지만 특정 지역, 특정 시기, 특정 정책으로는 언제나 풍선효과와 같은 부작용을 초래하기 마련이다. 투자자들은 대책을 공부하고 또 공부하면서 피할 수 있는 방법을 끊임없이 찾아낼 것이다.

매번 새로운 정부가 들어설 때마다 부동산 잡기에 목숨을 건다. 해야 할 일이 많은 정부가 합동으로 대책을 마련하고 이 대책이 먹히지 않아 재차, 삼차 또 다른 대책을 마련하는 일은 이제는 그만했으면 싶다. 우리 부동산시장의 문제점은 강남 재건축이 아니다. 전 국민을 갭 투기꾼으로 만든 시스템이다. 그렇다면 이를 고쳐야지 강남, 재건축, 다주택자 등 대중 영합주의 냄새가 풀풀 나는 대책을 수립할 일이 아니다. 이런 측면에서는 오히려 참여정부가 나았다. 후분양제도와 보유세 로드맵까지 만들었지 않는가.

이제는 잘못된 부동산제도를 바꾸기 위한 로드맵을 만들어야 할 것이다. 대책이 아닌 제도가 필요하다. 보유세 상향, 후분양제 도입, 임대주택 등록제, 차주신용평가 등 할 일이 많다. 이런 제도가 도입되면 갭 투자를 하라고 해도 못할 것이다. 돈도 빌려주지 않고 전세도 다 등록해야 하는데 어떻게 갭 투자를 하겠는가. 전 국민의 투기꾼화가 왜 발생했는지, 그것이 왜, 어떻게 가능한 것인지 다시금 고민했으면 한다. 임시응변으로 대응하는 포워드가이던스(정책예고제)가 아닌 선진형 부동산제도의 로드맵을 시장은 절실히 원한다.

02

분양가가 오르면
재건축이 뜬다

분양가상한제가 실질적으로는 폐지되었다. 개인적으로는 시장경제론자이지만 분양가상한제는 계속 존재하기를 기대했다. 분양가상한제가 폐지된 이후의 주택시장이 어떻게 흘러갈지 대략적으로는 알 수 있었기 때문이다. 이는 수학법칙에 가깝다. 당연히 분양가가 오르고, 덩달아 기존 아파트의 가격까지 올라간다. 분양가는 기존 아파트 가격을 선도하기 때문이다. 높은 분양가에 시세차익이 줄어들면서, 풍선효과로 수익형 부동산이 뜨고 지역주택조합처럼 낮은 분양가를 미끼로 한 고위험의 상품이 우후죽순 생겨나게 된다.

주택시장에서 '분양가'가 의미하는 바는 상당하다. 전체 재고주택에서 2% 내외의 신규 공급물량이 시장 전체를 흔들진 못하지만 '선도'하기는 한다. 새 아파트에 대한 기대와 함께 분양가가 주변 시세를 결정짓게 만드는 바로미터로서의 역할을 톡톡히 하기 때문이다.

분양가는 분양권에 매겨져 있는 가격이다. 분양권이란 신규 분양한 아파트의 청약에 당첨되어 해당 아파트가 준공된 이후 입주할 수 있는 권리다. 따라서 입주할 때가 되어서야 분양권은 주택이 되며, 분양가는 아파트 매매가격이 된다. 재개발·재건축 조합원에게 부여되는 입주권 또한 입주 예정 주택에 대한 권리이지만 입주권은 주택 보유수에 포함되므로 분양권과는 조금 다른 법적인 성격을 갖는다.

분양가는 주변 시세보다 높다

분양하는 아파트에 투자할 때 분양가를 주변에서 분양하는 비슷한 아파트 분양가와 비교하는 경우가 많으나 사실은 주변의 기존 아파트와 비교하는 것이 가장 바람직하다. 분양가는 3년 이후에 매매가가 되므로 기존 아파트의 매매가격에 3년간의 수익률과 위험 프리미엄을 더해야 분양가를 제대로 파악할 수 있다. 따라서 분양가는 기존 아파트 매매가격보다 10% 내외에서 비싼 것이 가장 적절하다. 이보다 더 높다고 하면 고분양가 여부를 의심해봐야 한다.

분양가상한제는 분양가를 기존 아파트 시세보다 낮게 유지시켜준다. 부속 원가를 모두 더해서 결정하는 분양가상한선도 사실은 높은 가격이다. 울산에서 분양가상한제 심사위원장을 할 때 심사대상 아파트 단지의 분양가상한선이 결코 싼 가격이 아니었음에도 불구하고 주변 시세보다는 높지 않았다. 수분양자에게 이미 10% 이상의 프리미엄을 보장하고 있다는 말이다. 이 분양가상한선마저 심의위원이 삭감을 요구하는 경우가 많다. 그래서 결국 분양가는 주변 시세보다 낮아지게 된다. 분양이 안 될 수가 없다.

실제로 2016년 전국 아파트의 3.3㎡당 분양가격은 1,052만 원이었으나 매매가격은 1,045만 원으로 거의 차이가 없었다. 3년의 기간 이자와 위험을 고려한다면 상당히 저렴한 분양가였다는 말이다.

재개발 · 재건축 사업에서 분양가가 의미하는 것

재개발 · 재건축으로 논의를 옮기면 더 심각하다. 대도시 도심에 주택을 공급하는 유일한 수단인 재개발 · 재건축 사업의 분양가는 사업성을 좌우하는 가장 중요한 변수다. 분양가를 올리면 일반 분양분의 수익이 높아져 조합원 분담금이 낮아지는 등 사업 여건이 좋아진다. 물론 일반 분양분이 어느 정도 있는 경우다.

중층 재건축이 늘어나면서 일반 분양분이 거의 없는 단지들이 늘어나는데 이런 곳에서는 분양가의 높고 낮음이 조합의 사업성에 별 영향을 끼치지 않는 경우도 있다. 하지만 여전히 재개발 · 재건축 사업에서 일반 분양분이 30~40%를 차지하기 때문에 분양가가 올라가는 것은 조합 입장에서 사업성이 좋아지고 조합원의 동의율이 높아져 사업을 더 빨리 진행할 수 있는 가장 큰 유인이 된다.

〈2016년 청약경쟁률 상위 재개발·재건축단지 일반 분양분 현황〉

구분	거제 센트럴자이	연산 더샵	힐스테이트 명륜	창원대원 꿈에그린	시청역 비스타동원
총 세대수	878세대	1071세대	493세대	1530세대	740세대
일반 분양분	382세대	375세대	355세대	56세대	472세대
비중	43.5%	35.0%	72.0%	3.7%	63.8%

* 금융감독원

재개발·재건축 열풍의 확산

재개발·재건축 사업에서 일반 분양분의 분양가격이 올라가면 가장 수혜를 받는 곳은 강남이라고 생각하기 쉽다. 물론 강남이 가진 상징성이 크기 때문에 혜택이 큰 것이 사실이다. 하지만 지방에서 누리는 혜택 또한 적지 않다. 공사비를 포함한 건축 부대비용이 만만치 않기 때문에 분양가가 1,000만 원 이하로 책정되면 사업성이 나오기가 힘들다. 2015년부터 지방에서도 재개발·재건축 아파트의 분양가가 1,000만 원을 넘어서면서 서울뿐만이 아니라 지방의 대도시에서도 재개발·재건축 사업이 본격화되었다.

2015년 30%대에 머물렀던 부산의 재개발·재건축 분양물량은 2016년 들어서는 50%에 육박했다. 대전 또한 마찬가지다. 이렇게 지방의 재개발·재건축 공급물량이 급격하게 증가하고 있는 이유는 바로 분양가 상승에 있다. 부동산시장의 호황으로 분양가가 올라가고 이렇게 올라간 분양가가 다시 재개발·재건축 사업의 일반 분양가를

〈2016년 재개발 · 재건축 사업 비중〉

구분	서울	부산	대구	인천	광주	대전	울산
분양물량	56,367호	28,978호	13,231호	13,584호	8,035호	6,394호	9,737호
재개발 · 재건축 분양물량	53,455호	12,962호	3,837호	1,565호	690호	3,700호	879호
비중	94.8%	44.7%	29.0%	11.5%	8.6%	57.9%	9.0%

* 부동산114

높여 조합원 분담금이 낮아지기 때문에 사업추진이 빨라지는 것이다. 어찌 보면 부동산시장 호황의 가장 큰 혜택은 지방의 재개발 · 재건축 사업이 누리는 것 같다.

2015년, 2016년 지방의 재개발 · 재건축 아파트의 일반 분양가는 962만 원, 1,021만 원이었다. 같은 기간 지방의 전체 아파트 분양가가 845만 원, 892만 원이었던 것을 고려하면 재개발 · 재건축 아파트의 분양가가 상대적으로 높았음을 알 수 있다. 이렇게 주변 시세보다 100만 원 이상 높은 분양가는 사업성을 높여주었을 뿐만 아니라 재개발 · 재건축 사업의 추진 속도에 큰 동력을 제공해주었다. 재개발 · 재건축 사업에 분양가가 중요한 이유다.

재개발 · 재건축 사업과 경쟁관계에 있는 리모델링 사업도 마찬가지다. 재개발 · 재건축 사업의 공사비에 비해 리모델링 사업의 공사비가 월등히 적게 들 것이라 생각하지만 건설사 관계자에게 물어보면 큰 차이가 없다고 한다. 사업이 종료된 대부분의 리모델링 단지도 서울 그것도 강남에 위치해 있다. 이는 전체 사업비에서 공사비가 차지하는 비중이 낮은 것이 사업성을 높이는 중요한 변수가 되기 때문이다. 즉, 공사비가 차지하는 비중이 낮아지기 위해서는 분양가가 높아야 한다는 말이다.

하지만 8·2부동산대책으로 인해 이 또한 달라질 가능성이 높다. 정부는 지정요건을 개선하여 다시 분양가상한제 적용지역을 선정할 계획이다. 적용이 예상되는 지역은 재개발·재건축 사업지가 될 가능성이 높다. 고분양가로 인해 주택시장 불안이 우려되는 지역이기 때문이다. 이렇게 된다면 지금처럼 분양가를 높일 수 없게 되어 재개발 재건축의 사업성이 떨어질 가능성이 높다. 2017년 9월로 예정되어 있는 주택법 시행령 개정을 주목해야 한다.

일반 아파트 상승률 높은 곳이
재건축 아파트 상승률도 높다

재건축 아파트 매매가격 상승률이 가장 높은 지역을 추려보면 일반 아파트 매매가격 상승률 또한 높은 지역이라는 것을 알 수 있다. 상위 10개 지역 중 부산과 서울이 무려 8개나 포함되었다. 부동산114의 자료에 의하면 2016년 전국에서 아파트 매매가격 상승률이 가장 높았던 지역은 부산(10.63%)과 서울(7.56%)이었다. 왜 일반 아파트 매매가격 상승률이 높은 지역에 있는 재건축 아파트 매매가격 상승률이 높을까?

일반 아파트 매매가격 상승률이 높다는 것은 주거 선호지역이거나 새롭게 개발에 대한 이슈가 존재하는 곳이다. 주거 선호지역은 하루아침에 형성되지 않는다. 오랜 기간 사람들이 살면서 브랜드와 함께 주변 환경이 구축된 곳이다. 신흥 주거선호지역도 존재한다. 하지만 그 지역 또한 특별한 이유 등으로 과거부터 선호가 높았던 지역이나 여러 여건이 받쳐주지 못해 현재는 주거선호지역이 되지 못했을 따름이다. 하지만 도시민이 선호하는 아파트가 대량으로 공급되든지, 낡은 아파트가 새 아파트로 바뀌면 주거선호지역으로 급격히 부상하게 된다.

주거선호지역은 오래 전에 결정

개발에 대한 이슈도 중요하다. 해당 지역에 개발 이슈가 없이 고정되어 있는 지역이라면 가격 상승의 여력 또한 떨어진다. 물이 흐르듯 지역 또한 움직인다. 사람의 이동에 맞춰 지역이 변신을 거듭해야만 정체되지 않고 발전할 수 있다. 지역의 수명주기이론이다. 도입기와 성장기를 거쳐 성숙기에 이른 지역은 새로운 변신이 요구된다. 성숙기를 지났지만 변신이 없어 종래의 상태를 그대로 유지하는 천이기(遷移其)가 계속되면 결국 쇠퇴기로 빠져들게 된다. 쇠퇴기를 이겨내기 위해 꼭 필요한 것이 신규 개발에 대한 이슈다. 새롭게 사람과 자금이 모여들면 그 지역은 다시 도입기나 성장기 때로 돌아갈 수 있다. 수명주기가 다시금 시작된다는 말이다.

2016년 들어 재건축 아파트 가격 상승이 가장 높았던 지역 10개를 추려보면 경기도는 의왕시와 과천시 2곳만 포함되었다. 부산은 해운대구, 수영구, 남구, 동래구 등 과거 대표적인 주거선호지역들이다.

순위	지역	구시군	상승률
1	부산	해운대구	25.3%
2	부산	수영구	25.3%
3	경기	의왕시	23.7%
4	부산	남구	20.0%
5	경기	과천시	19.0%
6	부산	동래구	16.4%
7	서울	강남구	16.3%
8	서울	송파구	16.3%
9	서울	서초구	15.7%
10	부산	북구	15.4%

* 부동산114

서울 또한 마찬가지다. 강남구, 서초구, 송파구 등 강남 3개 구들이다. 여건이 허락된다면 서울 시민 모두가 살고 싶어하는 지역이다.

　새롭게 부상하는 지역도 있지만 대개는 30년 이상씩 경과된 각종 인프라가 갖추어진 지역이다. 이런 지역의 낡은 집에 돈과 사람이 들어와 신규 아파트로 변신하면 주변 지역 전체 부동산시장이 활성화된다. 서울의 마포와 서초 등이 대표적이다.

마포와 서초, 재개발 · 재건축으로 새롭게 탈바꿈

서울의 마포구는 최근 2년 동안 1만 가구 이상의 아파트가 입주하면서 젊은 층이 급격히 늘어났다. 행정자치부 주민등록인구 통계에 따르면

마포구 아현동, 공덕동, 대흥동, 용강동 등 4개 동의 2015년 말 인구는 2년 전에 비해 15%대로 늘어났으나 신생아 수는 무려 30% 넘게 늘었다고 한다. 도심권 주거지역이 재정비되면서 젊은 층과 함께 경제력을 갖춘 인구가 돌아오는 현상이 벌어진 것이다. 재건축 효과다.

마포구만이 아니다. 더 극명한 예는 서초구와 노원구다. 지난 6년(2011년 1월~2017년 1월) 동안 노원구의 인구는 4만 3,777명이 줄어든 반면, 서초구는 1만 1,702명이나 늘었다. 줄어든 노원구는 20년 이상된 아파트 비중이 66%로 서초구(41%)에 비해 월등히 높다. 재건축으로 서초구는 젊은 구로 탈바꿈하고 있지만 노원구는 그냥 낡아가고 있는 것이다. 지난 10년 동안 노원구 아파트의 평균 연한은 13.19년에서 21.83년으로 늘었다. 재건축이 거의 진행되지 않았다는 뜻이다.

최근 대도시의 재개발·재건축 사업은 도심 내에서 이루어지는 경우가 많다. 대부분 과거의 주거선호지역이었다. 이런 지역이 개발 이슈(재개발·재건축)로 인해 새롭게 생활 인프라가 구축되면서 과거의 영광을 다시 찾게 된다. 사람과 돈이 몰려들면서 자연스럽게 부동산시장이 활성화된다.

특히 고령화가 이런 추세를 더욱 강화시킨다. 노인들은 도심을 떠나고 싶지 않다. 그리고 거동이 불편하니 잔 손길이 많이 필요하지 않는 새 아파트를 선호한다. 그리고 청소 등을 생각하면 소형 아파트를 좋아한다. 이런 아파트는 재개발·재건축 사업의 부산물일 수밖에 없다. 일본은 콤팩트아파트가 인기라고 한다. 전용면적이 대략 30~50㎡인데 방이 하나 또는 2개다. 대부분 도심의 역세권에 지어지

〈구별 아파트 평균연한 비교〉

구분	2005	2015
서초구	17.52년	18.58년
노원구	13.19년	21.83년

* 통계청

는데 젊은이들과 함께 동경 외곽 신도시에서 이주한 노인이 주요 수요층이다.

　따라서 재개발 · 재건축 아파트 투자에 성공하기 위해서도 주거선호지역을 살펴보는 것이 바람직하다. 서울 외곽 수도권의 재개발 · 재건축 대상 아파트는 고령화와 도심이라는 가장 중요한 투자변수를 만족시키지 못한다. 강남 재건축 아파트의 일반 분양가가 5,000만 원에 근접하는 현실에는 고령화와 도심 회귀라는 투자의 정석이 밑바탕에 깔려 있음을 이해해야 할 것이다.

04

재개발 · 재건축은
투자 상품이다

투자자, 투기자, 실수요자.

이 셋을 구별하기는 쉽지 않다. 참으로 모호한 용어다. 실수요자와 투자자를 구분하기도 어렵고, 투자자냐 투기자냐를 나누는 것 또한 쉽지 않다. 현장에서 상담해보면 완벽한 실수요자도 완벽한 투자자도 없는 듯 보인다. 투자인 듯 투자 아닌 투기 같은 실수요. 내가 하면 로맨스요, 남이 하면 불륜이라 했던가.

투자자와 실수요자의 구분이 쉽지 않다

재개발 · 재건축 아파트에 투자하기 위해서는 목적이 실거주든 투자든 상관없이 투자자의 입장에서 접근해야 한다. 신규 아파트 사업과는 다르게 재개발·재건축 사업은 불확실성이 높기 때문이다. 신규 아파트를 분양받기 위해서는 본인이 직접 짓지 않는 이상 아파트를 분양할 때까지 기다릴 수밖에 없다. 하지만 기존에 소유주가 있는 재개발·재건축 사업은 조합원의 입주권을 살 수도 있고(일부 규제지역 제한) 일반 분양분을 분양받을 수도 있다. 아니 사업이 진행되기 전에 그 지역에 토지나 건물을 보유할 수도 있다. 물론 마지막 방법은 가장 리스크가 크니 유의해야 한다.

재개발·재건축 아파트의 매매가격 상승률을 살펴보면 일반 아파트와 비슷한 추이를 보인다. 하지만 다른 점은 재건축을 제외한 아파트의 매매가격 상승률에 비해, 재건축 아파트의 매매가격 상승률이 월등히 높다는 점이다. 마찬가지로 재건축 아파트의 매매가격 하락률 또한 일반 아파트에 비해 상대적으로 높다. 즉 재개발·재건축 아파트는 오를 때 많이 오르고 떨어질 때는 많이 떨어지는 상품이라는 말이다.

2000년 이후 재건축 아파트 매매가격이 가장 높게 상승한 해는 2006년이며 무려 36.02% 상승했다. 이에 반해 가장 많이 하락한 해는 2008년으로 10.7% 하락하였다. 재건축을 제외한 아파트의 경우 가장 많이 상승한 때는 24.34%(2006년), 가장 많이 하락한 경우는 −3.36%(2012년)로 그 진폭이 크지 않다. 재건축 아파트의 매매가격 상승률의 표준편차는 15.67이나 일반 아파트는 7.95로 재건축 아파트가 거의 2배나 높다.

재개발·재건축 아파트는 변동성이 큰 투자 상품

부동산시장의 대출규제로 인해 가장 피해를 받는 상품은 재개발·재건축 아파트일 가능성이 크다. 재개발·재건축 아파트는 일단 갭 투자가 쉽지 않다. 노후 아파트는 매매가격에 비해 전세가격이 차지하는 비중이 크지 않다. 전세가율이 낮다는 말이다. 전세는 사용가치이므로 오래되고 불편한 아파트는 낮을 수밖에 없다. 2016년 기준으로 재건축 아파트의 전세가율은 38.79%에 불과하다. 이로 인해 투입되는 자금이 적지 않다. 당연히 이자율 변동이나 대출규제에 민감하게 반응할 수밖에 없다. 투자 상품이라는 말이다.

따라서 재개발·재건축 아파트에 투자할 때는 자신의 투자 성향과 맞는지를 빈드시 살펴야 한다. 안전자산 위주의 투자를 하는 경우 재

〈재건축 아파트 매매가격 상승률〉 (단위 : %)

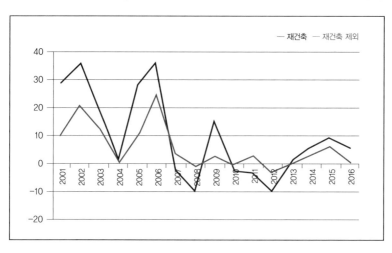

구분	재건축 포함	재건축	재건축 제외
전세가율	73.27%	38.79%	75.85%

* 부동산114

개발·재건축 아파트는 다소 위험한 투자대안일 수 있다. 자신의 투자성향을 먼저 살피는 지혜가 필요하다.

자주 접할 수는 없지만 가끔씩 실수요자를 만난다. 투자자냐 실수요자냐를 구분하기 위해서는 사람의 성향을 보면 헷갈린다. 차라리 구입하려는 물건을 보는 것이 확실하다. 대형 주상복합 아파트를 구입하려는 사람은 대부분 실수요자인 경우가 많다. 본인도 안 오를 것을 잘 알고 구입한다. 따라서 사람보다는 상품을 살피는 것이 실수요자를 구분하는 지름길이 될 수 있다.

05

뉴스테이는 재개발·재건축 사업을 어떻게 바꿀까?

게임체인저(game changer)란 어떤 일에서 결과나 흐름의 판도를 뒤바꿔놓을 만한 중요한 역할을 한 인물이나 사건을 의미한다. 이 단어는 뉴스테이의 의미를 나타내기 가장 적절하다. 문재인정부들어 여러 논란이 있지만 국내 주택시장, 특히 임대시장의 판도를 바꿀 뉴스테이가 시장에 안착하는 분위기다.

기업형 임대주택이라 불리는 뉴스테이는 최장 8년간 임대료 상승률이 5%로 제한되는 중산층 주거안정을 위한 주택상품이다. 이는 기존 정부에서 추진하던 임대주택 정책과는 판이하게 다르다. 일단 임대주택에 있던 규제(제한)가 8년과 5%를 제외하고는 없다. 입주대상도 저소득층이 아닌 중산층이다. 대형 건설사의 고급 브랜드가 대부분으로 주택 품질도 일반 아파트와 차이가 없다.

〈공공임대와 뉴스테이 비교〉

구분	공공임대	뉴스테이
임차인 자격	무주택 세대 구성원	대한민국 국적 만 19세 이상 성인
청약제한	세대당 1건	1인 1건 (가족 중복 청약/계약 제한 없음)
임대료 인상률	2년마다(2년간 물가상승률 적용)	연 5% 이하(계약기간 2년마다 갱신)
전환료율	6%(보증금/임대료 상·하향 가능)	단지별로 상이, 보증금만 상향(임대료 하향)
퇴거	한 달 이전 통보	사업주체 권한(일반적으로 3개월)
분양전환 의무	있음	사업주체 권한

게임체인저 뉴스테이, 시장에 안착하는 분위기

기존의 임대주택이 있음에도 불구하고 새로운 형태의 뉴스테이가 추진된 배경은 임대차시장이 변화함에 따라 주거문제가 발생했기 때문이다. 2011년 33.0%였던 월세 비중은 2017년 1월 46.6%에 이른다. 초저금리 기조가 계속되고 고령화가 심화되면서 주택임대차 방식이 전세에서 월세로 급격히 전환한 것이다. 월세시대 주거비 부담과 함께 잦은 이사에 따른 주거불안도 가중되는 상황에서 새로운 주거 대안이 필요했다. 기존의 임대주택 건설과 유지에 대한 정부의 재정 부담도 고려되었다. 새로운 주거 형태인 '기업형 임대주택'이 도입된 배경이다.

2016년 11월 한국갤럽의 조사에 의하면 주택수요자 4명 중 3명(72.7%)은 뉴스테이가 중산층 주거안정에 기여할 것으로 응답했다. 실제로 동탄에서 임대 분양한 한 단지의 경우 청약경쟁률이 무려 26.4

대1을 기록했다. 정부 또한 뉴스테이 사업의 확산에 노력하고 있어 2017년에만 2016년 5만 5,000세대를 훌쩍 넘어선 7만 1,000세대의 부지를 확보할 예정이다. 정부의 적극적 지원과 주택 수요자들의 선호에 힘입어 뉴스테이는 안착하는 모습이다.

게임체인저인 뉴스테이는 우리나라 주택시장을 어떻게 바꿔놓을까? 먼저 가장 큰 논란거리인 공급에 대한 부분이다. 국내 부동산시장을 선도하는 대도시의 주택공급은 정비사업을 통해서만 가능하다. 재개발·재건축 사업의 비중이 서울은 이미 90%에 가깝고 부산도 40%에 이른다. 대부분의 주택이 주인 있는 집을 다시 공급하는 방식이라는 말이다. 얼마 안 되는 일반 분양분마저 정비사업 연계형 뉴스테이에서 다시 가져가는 현실에서 10만 가구 정도 늘어난 공급량을 과잉 또는 물량폭탄이라고 말할 수 있을까. 일본은 빈집이 전체 주택의 15%에 이르지만, 매년 90만 가구에 가까운 집을 새로 짓고 있으며 모두 시장에서 소화되고 있다. 문제는 전체 공급량이 아닌 주택 수요자가 원하는 상품을 공급하느냐다. 정비사업이 아닌 택지개발을 통해 새롭게 주택을 분양하는 수도권 신도시의 공급물량에 대한 고민이 선행되어야 한다.

재개발·재건축 시대 공급물량 증가는 다시 봐야

다음은 공급주체의 손바꿈이다. 2015년 기준 우리나라의 자가 점유율은 56.8%로 임대주택시장은 43.2%에 이른다. 2015년 1,911만 가구 중에서 자가점유가구는 1,085만 가구, 임대가구는 826만 가구다. 임대가구의 대부분을 개인이 공급하고 있는데, 뉴스테이는 이러한 개인이 주체가 되는 민간 임대시장을 기업으로 바꿔놓을 것이다. 소규모 민간 임대사업자와 대규모의 기업 임대사업자가 경쟁하는 구도로 민간 임대시장은 바뀔 것이다. 이 경쟁에서 승자는 당연히 기업이 될 것이다.

재개발 · 재건축 사업도 전체 주택시장의 영향을 많이 받으니 당연히 뉴스테이에 관심을 가져야 한다. 고령화시대에는 도심 외곽에 공급되는 뉴스테이보다는 도심 내 공급되는 재개발 · 재건축 사업이 더 큰 주목을 받을 수밖에 없다. 하지만 기존의 뉴스테이는 도심 외곽에 공급하는 것이 대부분이고 서울 시내의 공급은 현재까지 거의 없다. 도심 외곽도 인천, 동탄 등 특정 지역에 한정된 사업이다. 정부도 이런 사정을 의식해서 뉴스테이를 노후주택 정비사업인 재개발 · 재건축과 연계하는 방식을 도입했다. 이른바 정비사업 연계형 뉴스테이다.

재개발 · 재건축 사업은 조합 분양과 일반 분양으로 나뉜다. 이중

〈점유형태별 주택시장〉 (단위 : 천 가구)

구분	자가 가구	임차 가구
비중	56.8%	43.2%
수	10,850	8,262

* 통계청

일반 분양은 수분양자에게 개별적으로 판매한다. 하지만 정비사업 연계형 뉴스테이란 재개발·재건축 등 정비사업에서 공급되는 일반 분양분을 기업형 임대사업자에게 매각하여 뉴스테이로 공급하는 사업이다. 개인이 아닌 기업에 일괄적으로 매각하면 미분양 우려로 장기간 진행되지 않은 재개발·재건축 사업을 활성화시키는 계기가 된다. 나아가 임대주택 수요가 많은 도심에 양질의 주택을 공급할 수 있게 된다. 기업형 임대사업자는 통상적으로 일반 분양가격의 약 80% 전후의 가격으로 아파트를 매입하기 때문에 언뜻 손해라는 생각이 들수도 있다. 하지만 이로 인한 조합의 일반 분양 수입 손실은 용적률 인센티브와 시공사의 도급공사비 하향 조정을 통해 보전이 가능하다. 도랑 치고 가재 잡고, 누이 좋고 매부 좋은 격이다.

정비사업연계형 뉴스테이에 주목

한국토지신탁이 기업형 임대사업자로 선정된 인천의 청천2구역의 경우 주변 시세가 3.3m²당 1,500만 원이었으나 800만 원 후반대로 매입하였다. 사업 속도 또한 빨라지는 것은 덤을 넘어선 혜택이다. 정비계획변경 제안(2015년 6월 5일)부터 결정 고시(2015년 7월 27일)까지 52일에 가능했다. 빠르게 진행 되어도 현행법상 1년이 걸리는 절차를 2개월도 안 되는 기간에 받아낸 것이다.

2016년 1월 정부는 전국의 재개발·재건축 조합을 대상으로 사업

〈2016년 하반기 뉴스테이 연계형 정비사업 후보구역 선정 결과〉

지역	서울	경기	인천	대전	충남	부산	총계
선정 구역	1	1	2	1	1	1	7
물량	438호	695호	3,222호	635호	1,992호	3,789호	10,771호

* 국토부

신청을 받았다. 2월에 발표한 결과에 의하면 이 모집에 예상을 웃도는 37개 조합이 신청하였다. 신청한 조합이 많아 원래 선정할 예정이던 조합보다 3배가 많은 15개 조합이 선정되었다. 뉴스테이로 공급 가능한 물량만 2만 3,638가구였다. 8월에 발표한 하반기 공모에서도 7구역에 1만 771호가 선정되었다.

뉴스테이 연계형 정비사업은 투자가치가 있다. 2016년 상반기 부산에서 지정된 감천2구역의 경우 3.3㎡당 500만 원 하던 물건이 뉴스테이로 지정되고 우선협상대상자가 선정된 후 800만 원에 육박하고 있다. 사업진행에 문제가 있던 정비사업도 뉴스테이로 선정되면서 사업성이 높아졌기 때문이다. 따라서 뉴스테이로 지정될 가능성이 높은 정비사업에 투자하는 것도 하나의 방법이다.

그럼 어떤 정비사업이 뉴스테이로 지정될 가능성이 높을까? 뉴스테이 연계형 정비사업 후보구역 평가기준에 의하면 '임대사업성'이 50점으로 가장 큰 배점기준이며, 다음은 사업재개의 긴급성(30점)이다. 임대사업성의 평가항목은 주택보급률, 가구수증가율, 교통 환경여건, 주거편의 여건, 현재 단지규모 등이다. 이 기준과 항목을 적용해보면 주거 인프라가 잘 갖춰진 수도권에서 사업진행에 문제가 있어

〈뉴스테이 연계형 정비사업 후보구역 평가기준〉

구분	정체기간	사업재개의 긴급성	인센티브 제공	임대사업성
내용	정비사업 정체기간	정비구역 내 폐·공가 비율, 정비구역 내 영세자 비율	용적률 인센티브 제공 규모	주택보급률, 가구수 증가율, 교통환경 여건, 주거편의 여건, 현재 단지 규모
배점	10	30	10	50

오래된 대규모 단지들이다. 2016년 상, 하반기를 다 통틀어 수도권에서 선정된 가구수는 총 1만 9,564세대로서 전체 물량(3만 4,409세대)의 56.9%에 해당된다.

뉴스테이는 계속되어야

뉴스테이는 국내 주택시장 나아가 부동산시장에 꼭 필요한 사업이다. 관리라는 개념의 중요성을 국내 건설사에게 알려준 유일한 사업이다. 하지만 뉴스테이가 문재인정부에서도 계속 될지는 물음표다. 과거에 정권별로 추진했던 다양한 임대주택 정책이 중단된 사례에 비춰보면 지속성에 의문이 제기된다.

이원욱 국회의원실에서 2016년 9월 발표한 자료에 의하면 뉴스테이의 사업 지분 중 63.7%가 주택도시기금이 차지한다. 뉴스테이 지분 구조를 보면 사실 뉴스테이는 준공공 임대주택에 가깝다. 따라서 민간 사업자에게 너무 과도한 인센티브를 주는 것이 아닌가라는 논란이 많다. 문재인정부에서 이 문제를 계속 거론하면서 사업을 중단하거나 심각하게 변경할 가능성이 높다는 말이다. 반드시 해야 할 일이 여러 논란으로 인해 중단되는 것이 아닌지 걱정이 앞선다.

06

도시재생,
재개발 · 재건축의 복병일까?

문재인 대통령의 공약사항 중 국민의 많은 관심이 집중된 것은 '도시재생 뉴딜' 사업이다. 뉴딜(New Deal) 정책은 원래 미국 제32대 대통령 루스벨트가 대공황을 극복하기 위해 추진한 일련의 경제정책을 말한다. 도시재생사업에 뉴딜이란 거대 담론을 붙인 것은 그만큼 중요하고 많은 자금을 투자하겠다는 새 정부의 의지가 포함된 것이리라.

도시재생은 기존에 재개발 · 재건축으로 대표되는 도시정비사업과는 확연히 다른 개념으로, 도시의 원래 모습은 유지하면서 기존의 낡은 시설과 주거지 등을 정비해 도시 환경을 더욱 쾌적하게 개선하는 것을 말한다. 이를 위해 문재인정부는 100개의 구도심 및 노후화된 마을을 선정하여 매년 10조 원의 재원을 향후 5년간 투입하겠다는 것이다. 산술적으로는 5년이 지나면 500개의 낡은 마을이 아파트 단지 수준의 쾌적성을 누리게 된다는 말이다. 소공원, 놀이터, 주차장, 마을도서관 등 공동시설과 육아, 노인보호 등 돌봄 시설을 확충하여 낙후된 근린 주거지역의 생활환경은 개선하고 공동체를 유지하겠다는 것이 도시재생사업의 중요한 지원 내용이다. 도시재생은 쇠퇴한 구도심을 활성화시키고, 재개발·재건축으로 인해 발생하는 투기수요를 막을 수 있다는 장점이 있지만 단점도 많다. 아니 오히려 단점이 더 많다고 이야기하는 것이 맞다. 기존의 시설을 되도록 살린다는 방침이므로 재개발·재건축처럼 기반시설을 크게 확충할 수 없고, 이로 인해 사업성이 떨어질 수밖에 없다. 즉 재원마련이 만만치 않고, 민간 참여를 유도하는 것도 쉽지 않다는 말이다. 뉴딜이라는 단어가 포함된 것은 공공이 주도하겠다는 암묵적인 선언이다. 블록 단위의 소규모 도시재생이 대부분일 것으로 예상되므로 민간이 관심을 가질 규모나 사업성이 나올지가 의문이다.

사실 도시재생이라는 개념은 이번 대선으로 처음 알려진 것은 아니다. 이미 2013년 '도시재생 활성화 및 지원에 관한 특별법' 시행 이후 서울 336곳, 경기 232곳, 인천 105곳 등에서 도시재생사업이 진행 중

〈도시재생 개소당 사업비 및 국비 보조액〉

구분	경제기반형	근린재생형	
내용	산단, 항만, 역세권 정비 및 복합개발 등을 통한 고용창출	쇠퇴 중심상업지역 및 근린주거지역 생활권 단위의 생활환경 개선, 골목경제 살리기	
규모별	–	일반규모	소규모
총사업비 (국비지원)	500억 원 (250억 원)	200억 원 (100억 원)	100억 원 (60억 원)

이다. 하지만 지정만 되었을 뿐 사업이 실제로 진행되는 곳은 거의 없다. 서울의 경우에도 세운상가, 창신·숭인, 해방촌 등 3곳에 불과하고 전국적으로도 46곳(선도 13개, 일반 33개)으로 전체 지역의 2% 수준에 그친다. 이 또한 재원조달 문제 때문이다. 그동안 투자된 재원이 연간 1,500억 원에 그쳤기 때문이다.

사업을 위한 재원 10조 원 중 2조 원은 정부에서 제공하고, 주택도시기금이 5조 원, 한국토지주택공사(LH)와 서울주택공사(SH)의 사업비에서 3조 원을 마련할 계획이다. 하지만 이미 엄청난 수준의 빚을 지고 있는 두 공사에서 필요한 재원을 마련하는 것은 쉽지 않을 것이란 시각이다. 정부는 리츠 활용을 적극 검토하고 있다. 이미 국토부와 LH, HUG(주택도시보증공사) 등이 도시재생사업에서 리츠를 활용하는 금융상품을 검토하고 있는 것으로 알려졌다. 이는 HUG를 통한 주택도시기금의 출자가 만만치 않을 것이기 때문이다. 오히려 보증지원을 통한 참여가 더 많을 듯하다. 민간자본이 투자되므로 수익성 보장이 관건이 될 것이고, 지방정부의 협조 또한 필수적이다. 지방정부와 중앙정부의 시각이 다른 것 또한 문제다. 중앙정부는 본인이 주도하기를 바라겠지만 지방정부 입장에서는 정부의 예산을 확보하여 지방정부의 주도하에 사업을 추진하기를 원할 것이다. 2017년 7월 말 정부가 도시재생사업의 70%를 광역자치단체가 선정하도록 하는 방안을 내놓은 것은 이런 고민을 반영한 것이다.

도시재생사업이 중간에 불협화음을 발생시킬 가능성도 분명히 있기 때문에 선도지역과 시범지역을 유심히 볼 필요가 있다. 정부에서 힘을 집중시켜 어떠하든 성공시킬 가능성이 높기 때문이다. 하지만 선도지역보다는 시범지역에 더 관심을 가질 필요가 있다. 선도지역은 이미 2014년 5월에 지정된 것으로 문재인정부의 공과로 분류하기는 생뚱맞다.

문재인 대통령의 후보 시절 공약집을 살펴보면 도시재생사업으로 6개 유형과 15개 사업모델을 제시하고 있다. 이중 가장 가능성이 높은 것은 저층 주거지 재생형이다. 정비사업 보완형도 가능성이 있으나 재개발·재건축 사업에만 적용되니 도시재생사업의 취지에 적합하지 않을 수 있다. '저층 주거지 재생형'은 뉴타운정비사업 해제지역과 저층 노후주거지에 적용하는 것이다. 국토교통부 또한 본격적인 도시재생 뉴딜을 앞두고 뉴타운 해제지역 등 주거환경관리사업지 6곳, 가로주택정비사업지 30곳을 선정해 도시재생 시범사업을 벌일 계획이다. 주거환경관리사업과 가로주택정비사업은 재개발·재건축과 같은 '도시 및 주거환경 정비법'에 근거해 진행된다. 국토부는 시범사업을 위해 155억 원의 예산을 추가경정 예산안에 넣은 것으로 알려졌다.

혜택을 받을 수 있는 곳은 뉴타운 해제지역이 될 가능성이 높다. 뉴타운의 경우 일단 지정이 해제된 이후에는 뚜렷한 후속 대책이 지금까지 나오지 않았다. 이 때문에 은평구(갈현·수색·증산동)와 서대문구(홍은동), 성북구(장위동), 중랑구(중화동) 등의 해제 구역을 눈여겨볼 필요가 있다. 실제로 문재인 대통령의 후보 시절 도시재생 뉴딜을 검토할 때 서울시 SH공사의 해제지역 재정비사업을 심도 있게 참고한 것으로 전해진다.

8·2부동산대책에 포함된 투기(과열)지구 또한 유심히 살펴야 한다. 투기(과열)지구로 지정될 때에는 도시재생 뉴딜 선정대상에서 제외된다. 그렇다면 투기과열지구로 지정되지 않은 지방 대도시의 도시재생 사업은 활성화 될 것으로 보인다. 대표 도시는 8·2부동산대책을 빗겨간 부산이 되지 않을까 싶다. 도시재생종합정보체계(www.city.go.kr)에 의하면 2016년 말 현재 노후건축물 비율이 높은 곳, 인구변화가 큰 곳 모두 부산의 세부지역들이 수위를 차지하기 때문이다.

도시재생사업은 기존의 정비사업과의 충돌 가능성은 분명히 있다. 이로 인해 지방정부의 도시정비사업의 기본계획이 변경될 가능성이 높다. 하지만 새 정부 정책 방향이 도시재생 쪽으로 설정됐다 하더라도 현재로선 도시재생과 재개발·재건축이 함께 갈 수 밖에 없는 상황이 될 것이다. 따라서 기존 도시정비 추진 계획안에 담긴 재개발·재건축 사업은 정상 추진될 가능성이 높다. 이로 인해 재개발·재건축 사업장 간의 차별화 논란이 벌어질 가능성 또한 높다. 여기에 재건축초과이익환수제마저 적용된다면 사업 속도가 빠른 사업장이 수혜를 보지 않을까 생각된다.

이에 더해 재개발구역의 지분 투자 또한 유망하다고 보여진다. 재건축초과이익환수 대상이 아닐뿐더러 규모만 커지지고 개념은 도시재생과 유사하다. 이와 함께 재개발사업은 도시재생이 가지지 못하는 높은 사업성과 광역적 인프라 구축도 가능하기 때문이다.

키워드는 새 아파트,
고령화 그리고 도심

우리는 모두 새것을 좋아한다. 오래된 것은 낡고 불편하고 힘들다. 하지만 새것은 신선하고 깨끗하며 뭔가 좋은 것 같은 느낌이 든다. 특히나 우리가 대부분의 생활을 영위하는 집은 새것이 더욱 좋다. 아파트가 고급 주거문화인 우리는 오래된 아파트보다는 새 아파트를 좋아할 수밖에 없다. 아파트와 같은 공동주택은 공용공간이 급격하게 낡다보니 전용공간을 아무리 깨끗하게 유지해도 시간이 지나면 거주하기 불편해진다.

재개발·재건축 아파트가 주목을 받는 이유는 이러한 새것에 대한 인간의 욕망이 투영된 점이 크다. 지금은 불편하지만 조금만 참으면 새 아파트를 얻을 수 있다는 현실적인 욕망. 거기다 아파트 주변에 잘 갖춰진 생활편의시설은 덤으로 얻는 혜택이다.

오래된 아파트 가격 상승 높아

새 아파트가 인기 있으니 재개발·재건축이 주목받는다. 참으로 모순된 이야기지만 현실에선 정답이다. 정부에서 공식적으로 인정한 한국감정원의 통계를 보자. 2015년 1월부터 2017년 5월의 기간 동안 전국 아파트 매매가격은 5년 이하 아파트가 4.4%의 상승률을 보인데 반해 20년 초과 아파트는 7.0% 상승했다. 단순히 낡았기 때문에 가격이 오르지는 것은 아니다. 부동산은 토지와 공장과 같이 생산재로서의 성향인 상품과 주택 등 소비재의 성향을 가진 상품이 있다. 이 중에 가장 소비재로서의 성향이 두드러지는 아파트의 경우 시간이 지날수록 제 구실을 못하는 것이 당연하다. 회계상으로도 이를 감가상각으로 반영해서 시간이 지날수록 자산 가치를 떨어뜨린다.

단순히 낡았기 때문에 가격이 오른 것은 아니라는 주장은 권역별 매매가격 상승률을 살펴보면 뚜렷이 알 수 있다. 수도권의 경우 5년 이하 아파트는 5.2% 상승하였으나 20년 초과 아파트는 무려 10.7% 상승하였다. 하지만 재개발·재건축 이슈가 거의 없는 지방은 다음 표에서와 같이 연령별 매매가격 상승률에 큰 차이가 없다. 2016년 분양 아파트의 90%에 가까운 물량이 재개발·재건축 아파트인 서울과는 다르게 지방의 분양 아파트는 신규 아파트인 경우가 많았다. 단지 낡았다는 이유 하나만으로는 주목받지 못한다는 말이다. 노후 아파트의 가격 상승에는 재개발·재건축 이슈가 감춰져 있다는 뜻이다. 참고로 서울의 같은 기간, 같은 연령대의 아파트 매매가격 차이는 5.7%

〈전국 아파트 연령별 매매가격 상승률〉

지역별	5년 이하	5년 초과 10년 이하	10년 초과 15년 이하	15년 초과 20년 이하	20년 초과
전국	4.4%	4.5%	5.4%	5.2%	7.0%
수도권	5.2%	6.3%	7.4%	8.7%	10.7%
지방	3.7%	2.9%	2.8%	2.5%	3.6%

* 한국감정원(2015년 1월~2017년 5월)

대 13.8%다. 현재 서울의 재개발 · 재건축 아파트가 가장 주목받는 현실이 수치에 그대로 반영되어 있다.

새 아파트 인기는 아파트 상품의 본질 때문

새 아파트의 인기가 계속될 수밖에 없는 이유는 아파트라는 상품이 가진 본질에 있다. 지역과 상품에 따라 다르지만 아파트는 20~30%의 공용공간이 있다. 이 공용공간의 노후도가 빨리 진행되고 부분 보수를 통해 사용하기에는 한계가 있다. 모든 공간이 전용인 단독주택의 경우 오랜 기간이 지나도 관리를 잘하면 새 집이나 마찬가지다. 따라서 굳이 새로운 단독주택으로 이사할 필요가 없다.

새 아파트의 인기는 지속될 것이다. 이것이 또한 재개발 · 재건축 아파트의 투자 매력을 높일 것이다. 앞으로 5년 동안은 재개발 · 재건축 아파트가 시장을 주도할 것으로 본다. 새 아파트와 재개발 · 재건축 아파트를 투자 측면에서 연결시키기에는 다소 이상한 점이 있지만

〈사용연수별 분양주택 현황〉   (단위 : 천 세대)

5년 이하	6~10년	11~15년	16~20년	21년 이상	계
1,190	1,546	1,657	1,826	1,907	8,126

* 국토부(2013년)

여기에 감춰진 또 하나의 진실은 고령화다.

대도시에 있는 대부분의 아파트들은 낡았다. 우리나라 아파트의 두드러진 특징 가운데 하나는 비슷한 시기에 대규모로 지어졌다는 것이다. 2013년 국토부의 자료에 의하면 전체 분양주택에서 21년 이상된 공동주택의 비중은 23.5%나 된다. 16년 이상의 공동주택까지 포함하면 무려 45.9%다. 세대수로 집계하면 370만 호가 넘으니 지난 15년 동안 평균 신규 분양물량(30만 호)의 12배가 넘는다. 따라서 새 아파트에 살고 싶다면 새로 지어지는 도시 외곽의 신도시로 가야 한다. 초기 신도시의 주거여건이 나쁘다는 것은 널리 알려진 사실이다. 우리는 아파트를 지어놓고 그 이후에 생활편의시설과 인프라를 구축하기 때문이다. 먼지가 폴폴 날리고 차를 운전해야지만 장을 보러 나갈 수 있는 환경이 전형적인 초기 신도시의 모습이다. 우리나라 대표 도시인 서울의 삶의 질이 전 세계 221개 도시 중 80위 수준에 불과하니 신도시는 오죽하겠는가.[•] 모든 편의시설이 잘 갖춰져 있고, 지인들이 주변에 있으며, 문화생활을 누리기 위해서는 재개발·재건축 아파트를 선택할 수밖에 없다. 이미 대도시 도심에 공급되는 대부분의 아파트는

● 조판기 외(2013), "생활 인프라 실태의 도시 간 비교분석 및 정비방안", 국토연구원

재개발 · 재건축 사업을 통하기 때문이다.

재개발 · 재건축 아파트는 고령화시대의 투자수단

고령화는 많은 것을 바꿔놓는다. 젊은 시절 경치 좋고 물 맑은 시골을 방문하면, 나중에 나이 들면 이런 데서 살아야겠다고 마음을 먹지만 현실이 되면 정반대의 선택을 한다. 도심을 떠나고 싶지 않은 것이 노인들의 진짜 마음이다. 노인들은 저층 아파트를 좋아할 것 같지만 그것도 아니다. 고층아파트를 좋아한다. 저층은 불안해서 싫다고들 한다.

노인들은 대도시를 떠나기 싫어한다. 도시 내에서도 중심 권역을 떠나기 싫어한다. 각종 편의시설이 있고 북적되는 곳을 선호한다. 특히 의료시설을 생각하면 정말 중심권역에 머물고 싶을 것 같다. 대형병원을 선호하다 보니 대형병원의 존재 여부에 따라 주거지역을 결정하는 경향도 크다. 서울은 3개의 중심 권역으로 나눠지는데 중구나 종로구, 여의도 그리고 강남권역이다. 대형병원은 대부분 이 3개의 중심권역에 위치한다.

일본도 마찬가지다. 노인대국인 일본에는 대기노인(待期老人) 문제가 고민거리인데, 복지시설에 들어가고자 기다리는 노인을 일컫는다. 대기노인은 2010년 일본 사회에서 유행어로 꼽힐 만큼 화제였는데 2015년 기준으로 52만 명 수준이라고 한다. 대기노인 문제가 해결되지 않는 것은 공급이 부족한 탓도 있지만 노인들이 도시의 복지시설을 선호하기 때문이다. 2016년 초 일본 정부가 실시한 설문조사에서도 60대의 60% 이상이 '지방으로 이주할 생각이 없다'고 답했다. 부동산 가격이 높은 수도권에 돈이 안 되는 노인복지시설을 새롭게 짓는 것은 불가능하기 때문에 지역에 따른 수급불일치가 진짜 문제라는 것이다.

3.3㎡당 4,000만 원이 넘어가는 분양가의 이면에는 고령화와 도심, 새 아파트에 대한 기대가 감춰져 있다. 이 3가지 주제를 무시한다면 재개발·재건축 아파트의 열풍을 이해할 수 없다. 따라서 강남 재건축 아파트의 호황을 바탕으로 수도권 외곽 등 다른 지역으로까지 투자를 확대하는 것은 위험한 대안이 될 수 있다. 왜냐하면 도심이라는 핵심을 벗어나 있기 때문이다.

강남 재건축 열풍, 수도권으로 확산은 안 된다

㈜한국건설산업연구원은 2016년 상반기 국내 부동산시장의 주요 이슈로 자리매김한 '강남 재건축 열풍'이 수도권 전역으로 확산될 가능성은 없다는 분석을 내놓았다. 2016년 상반기 수도권의 재건축 대상 아파트의 매매가격이 4.02% 상승하는 등 주목받고 있지만 이는 경기도 과천시, 광명시 등에 국한된 것으로 규정하고 수도권 전역으로 확산될 가능성에 대해서는 부정적으로 봤다.

수도권의 재건축 대상 아파트는 고령화, 도심이라는 주제를 벗어나 있다. 저층 재건축 아파트가 소진된 상황에서 만만치 않은 부담금을 감수하면서까지 수도권 외곽의 오래된 아파트를 재건축하려는 수요는 많지 않을 것이다. 최근 열풍으로까지 번지는 강남 재건축의 본질을 이해할 필요가 있다는 말이다.

특히 8·2부동산대책으로 인해 다주택자에 대한 규제가 강화되었다. 청약시장에서 배제되었고, 양도세 부담도 증가되었다. 이제는 똑똑한 한 채가 필요한 때다. 예상외로 강한 대책으로 인해 조정기간을 거치겠지만 강남 재건축이 주목받을 이유는 더 뚜렷해지고 있다.

08
—

재개발 · 재건축,
어디가 올랐는가?

2016년 가격 상승이 가장 높았던 재건축 아파트 20개를 추려보면 부산이 9개로 가장 많이 포함되어 있다. 특히 부산의 단지들은 대부분 10위 내에 포진하여 부동산시장의 호황을 반영하였다. 서울은 7개가 포함되어 현재의 재건축 아파트 강세를 나타냈으며 강동구를 제외하고는 모두 강남, 서초지역이었다. 경기도는 모두 2개가 포함되었다.

　2016년 가장 많이 오른 재건축 아파트는 부산 재송동의 삼익아파트였다. 47.7%나 상승하여 부산시 재건축 아파트 매매가격 상승률(25%)보다 2배 가까이 높았다. 아직 시작단계인 삼익아파트는 재건축 추진에 대한 기대심리 영향을 받아 중소형평형을 중심으로 가격이 상승하였다. 2016년 44.9%나 오른 대연동의 반도보라도 마찬가지다. 아직 조합설립이 되지 않았으나 교육여건과 주변 인프라가 뛰어나 주

〈재건축 아파트 매매가격 상승률 상위지역〉

순위	지역	구시군	읍면동	아파트명	매매가격	변동률
1	부산	해운대구	재송동	삼익	1,015.7	47.7
2	부산	남구	대연동	반도보라	1,389.0	44.9
3	서울	강남구	압구정동	미성2차	4,401.3	44.3
4	부산	연제구	거제동	경남	1,180.1	43.9
5	경기	안양시동안구	비산동	뉴타운삼호1,2차	1,434.1	42.1
6	부산	수영구	남천동	삼익비치	2,294.5	41.8
7	부산	수영구	남천동	삼익타워(타워맨션)	1,847.2	39.6
8	부산	해운대구	반여동	반여현대	815.3	38.9
9	부산	북구	만덕동	만덕대진	796.9	37.8
10	부산	해운대구	반여동	왕자	1,240.1	37.8
11	서울	서초구	잠원동	한신11차	4,019.8	37.2
12	부산	해운대구	재송동	79재송시영	750.1	36.4
13	서울	강동구	둔촌동	둔촌주공1단지	6,689.1	35.4
14	서울	강남구	압구정동	구현대3차	4,928.4	35.4
15	광주	서구	화정동	삼익1차	455.4	34.2
16	광주	서구	화정동	염주주공	982.2	34.1
17	서울	서초구	잠원동	한신12차	4,706.6	33.3
18	서울	강남구	압구정동	현대사원	5,703.4	32.7
19	경기	과천시	원문동	주공2단지	6,001.5	31.5
20	서울	서초구	잠원동	한신17차	4,421.1	31.4

* 부동산114
* 단지별, 평형별로 매매가격, 변동률이 다를 수 있으나 높은 수치로 표시함.

목받고 있다.

서울 압구정동 미성2차 아파트가 서울에서 가장 많이 오른 재건축 아파트로 등극했다. 44.3%가 상승해 서울 재건축 아파트 평균 상승률 (15.7%)의 3배에 가깝다. 압구정 미성1차, 2차 아파트는 지구단위계획 상 통합 재건축을 하게 되어 있지만 분리 재건축을 추진 중이다. 미성

아파트는 도보권에 3호선 압구정역, 신사역이 자리해 교통이 양호하다. 교육환경과 쇼핑여건 또한 뛰어나며 한강과 신사공원 등이 인근에 있어 힐링에도 적합하다.

부산 거제동 경남아파트는 위치가 좋고 거의 평지인 1984년 입주한 아파트다. 대지지분이 좀 적으나 주변 환경이 좋아 가격 상승률이 높았던 것으로 보인다. 안양시 비산동의 뉴타운삼호아파트가 42.1%로 경기도 재건축 아파트 중에서는 가장 많이 올랐다. 2016년 7월 현대산업개발과 코오롱글로벌 컨소시움이 시공사로 선정된 호재가 작용한 것으로 보인다.

부산 남천동의 삼익비치는 부산 재건축 아파트 대장주다. 1980년 입주한 이 아파트는 총 3,060세대로 천혜의 바다 조망권을 가지고 있다. 2016년 12월에 GS건설이 현대산업개발을 제치고 시공사로 선정되었다. 지하 2층 지상 최고 61층 총 3,200개 가구 이상으로 변신하는 초대형 프로젝트로 공사금액만 1조 2,000억 원이 넘는다. 1977년 입주한 삼익타워 또한 40%의 상승률을 보였다.

부산의 해운대구에 속하지만 낙후된 지역인 반여현대와 왕자아파트도 각각 38.9%, 37.8% 상승했다. 재개발·재건축 기대감과 함께 '센텀2지구 도시첨단산업단지' 개발호재도 겹쳐 당분간 상승세가 지속될 것으로 보인다. 다만 1979년 준공된 왕자아파트의 노후도가 심각해 재건축 구역분할이 추진되고 있는 점이 변수다. 구역분할이 된다면 왕자와 현대4차아파트가 통합되어 빠른 속도를 보일 것이다. 투자가치가 높아지는 것이다.

서울 잠원동의 한신아파트도 3군데나 포함되었다. 신반포 한신 4지구(한신 8차, 9차, 10차, 11차, 17차) 통합 재건축이다. 대중교통 여건이 뛰어나 3호선 잠원역과 7호선 반포역 등 더블역세권의 입지를 자랑한다. 교육환경이 좋고 쇼핑 등 생활편의시설이 완비되어 있다. 최근 논의되는 경부고속도로 지하화 프로젝트의 수혜지역이다.

광주 화정동의 염주주공 주택재건축 정비사업은 사용 승인된 지 31년이 지난 아파트를 철거하고 지하 2층 지상 30층 1,985세대를 건설하는 프로젝트다. 2017년 상반기 사업시행 인가 신청을 하고 2020년 상반기 입주를 목표로 사업을 진행하고 있다.

재개발 VS 재건축

일반적으로 낡은 아파트를 허물고 새로운 아파트를 건축하는 것을 재건축이라 하며 낡은 주택을 허물고 새로운 아파트를 개발하는 것을 재개발이라고 한다. 조금 더 정확하게 이야기하자면 주택재건축사업은 기반시설은 양호하나 노후 불량 건축물이 밀집한 지역에서 주거환경 개선을 위하여 시행하는 사업이다. 자격요건은 정비구역 안에 소재한 건축물 및 그 부속토지의 소유자 또는 정비구역이 아닌 구역 안에 소재한 대통령령이 정하는 주택 및 그 부속토지의 소유자와 부대·복리시설 및 그 부속토지의 소유자다. 따라서 토지와 건축물 모두 소유해야 조합원이 될 수 있다.

반면 주택재개발사업은 기반시설이 열악하고 노후 불량 건축물이 밀집한 지역에서 주거환경개선을 위하여 시행하는 사업이다. 자격요건은 정비구역 안에 소재한 토지 또는 건축물의 소유자 또는 그 지상권자다. 따라서 토지, 건축물, 지상권 중 하나를 소유하면 조합원이 될 수 있다.

〈재개발과 재건축의 차이점〉

추진절차	재개발	재건축
안전진단	안전진단을 하지 않음. 정비계획수립대상 지역 및 재개발 구역지정 요건이 필수임	안전진단을 의무적으로 실시
도시기반 시설정비	국가 공공사업의 성격을 띰. 상하수도, 도시가스, 전기, 공원 등 (기반시설)을 함께 조성	민간사업의 성격을 띰. 노후하고 불량한 건축물만 철거하고 다시 건축
조합원 자격	토지 및 건축물의 소유자로서 각 시, 도에서 정한 분양 기준과 조합 내부의 정관으로 결정	토지와 건축물을 동시에 소유한 자
조합원의 권리와 의무	사업을 반대하는 경우에도 권리를 누릴 수 있으며 조합원의 지위 양도 가능(단, 조합원 분양 시점에 분양 신청을 하지 않을 경우 청산 대상자가 됨, 일부 규제지역 제한)	조합설립 시 사업을 반대할 경우 조합원에서 제외되며 현금청산 대상자가 됨.
사업부지의 매입 권한	강제수용권	매도청구권(조합설립에 동의하지 않은 자에 대해 토지 및 건축물의 소유권을 매도 청구할 수 있는 권리)
세입자 이주비 및 임대아파트 입주권	• 정비구역지정 3개월 전부터 거주한 건물 세입자에게만 이주비가 지급 • 무주택자에 한해서 임대아파트가 가족수에 따라 평형별 지급	해당 없음
주택공급	1세대 1주택 (1+1일 때 2주택 가능)	• 과밀억제권역의 투기과열지구 : 1주택 • 다주택자 관리처분 시 3주택까지 공급(일부 규제지역 제외)

* 금융감독원

재개발에는 없는 재건축의 안전진단

재건축 사업은 정비예정 구역별 정비계획의 수립시기가 도래한 때 토지 등 소유자의 제안으로 안전진단을 실시할 수 있다. 토지 등 소유자

의 요청 등으로 안전진단을 실시하는 경우에는 건축물 및 그 부속토지의 소유자 10% 이상의 동의를 얻어야 한다.

안전진단에서 제외되는 대상은 천재지변 등으로 주택이 붕괴되어 신속히 재건축을 추진할 필요가 있는 주택, 주택의 구조안전상 사용금지가 필요하다고 시장, 군수가 인정하는 공동주택, 정비구역 내 도로 등의 기반시설을 설치하기 위한 토지 위에 지어진 건축물 등이 있다.

시장·군수 또는 자치구의 구청장은 현지조사 등을 통해 안전진단의 실시가 필요하다고 결정한 경우에는 안전진단기관에 안전진단을 의뢰해야 하고, 안전진단의 결과와 도시계획 및 지역여건 등을 종합적으로 검토하여 정비계획의 수립 또는 주택재건축사업의 시행 여부를 결정해야 한다.

〈안전진단 통과 기준〉

종합점수	56점 이상	31~55점	30점 이하
등급	A~C 등급	D 등급	E 등급
시행여부	유지보수	조건부 재건축	재건축

2장

앞으로
뜰 지역은 어디인가?

01

강남 다음은
어디가 뜰까?

사람만 생로병사를 겪는 것은 아니다. 지역도 사람처럼 생로병사의 과정을 겪는다. 지역도 개발되면서 성장기, 성숙기, 쇠퇴기 등을 거친다. 성장기나 성숙기에는 수요가 공급을 초과한다. 들어오는 사람이 더 많다는 말이다. 그러나 지역이 쇠퇴기에 접어들면 도리어 공급이 수요를 초과하게 된다. 떠나는 사람이 많아진다. 이때 건강검진(안전진단)을 잘 받고 아픈 곳을 제대로 수술(재개발·재건축)하면 다시 성장기로 접어들게 된다. 그렇지 않으면 천이기(遷移期)라고 표현하는 갈림길에 접어들게 된다. 쇠퇴기는 재개발·재건축이 이루어지지 않고 종래의 상태를 그대로 유지하는 단계인데 고소득층의 전출과 저소득층의 전입이 이루어진다. 거주민이 바뀌면서 지역은 정체된다.

강남의 재건축이 뜨겁지만 재개발·재건축 투자를 고려하는 사람이라면 지금 강남 재건축에 들어가는 것은 바람직하지 않을 수도 있다. 이미 가격이 많이 올랐고 먼저 투자한 사람들은 매도 타이밍을 고민하고 있기 때문이다. 개발호재가 있는 부동산 상품의 가격 상승은 발표, 착공, 준공 등의 단계를 밟는다. 따라서 강남지역은 여전히 매력적이지만 오랜 기간 투자 자금이 묶일 수 있다. 재개발·재건축 사업에서 가장 큰 위험은 기간 위험이다. 지금처럼 금융위기가 수시로 발생하는 상황에서 투자 기간이 길다는 것은 리스크가 크다는 것과 같다. 그럼 어떻게 하는 것이 좋은가. 곧 성장기를 맞이할 지역에 미리 들어가는 것이다.

블루칩 지역도 계속 바뀐다

서울에서도 블루칩 지역은 계속 바뀌었다. 압구정동에서 대치, 도곡동으로, 이후에는 다시 반포로 서울에서 가장 고가의 아파트가 소재한 지역은 계속 변해왔다. 압구정동 이전에는 강남이 아닌 강북이었을 것이다. 따라서 과거의 블루칩 지역이 가진 매력이 미래에도 지속된다는 보장은 없다. 하지만 지금까지 강남 지역 내에서 움직였던 블루칩 대상 지역에서 특이한 점을 발견할 수 있다. 대치, 도곡동에서 반포로 최고의 부촌지역이 바뀐 가장 큰 이유는 재건축이었다는 점이다. 2,000세대, 4,000세대 등 대규모로 진행된 한강변 일대 반포의 재

지역	개포동	반포동	압구정동	대치동	잠원동	잠실동	삼성동
매매가격	5,098	4,763	5,091	3,979	4,044	3,748	3,639

* 부동산114

건축 아파트가 기존 블루칩 지역의 판도를 바꾼 것이다. 하지만 이도 잠깐 동안의 호사였다. 왜냐하면 강남의 재건축은 계속 진행형이기 때문이다.

　부동산114의 자료에 의하면 반포도 더 이상 강남의 최고가 지역은 아니다. 반포동으로 넘어가던 부촌 지형도가 다시 개포동으로 이동하고 있다. 2017년 7월 말 현재 반포동은 3.3㎡당 아파트 매매가격이 4,7363만 원이고 개포동의 3.3㎡당 아파트 매매가격은 5,098만 원으로 그 격차는 점점 커지고 있다. 개포동이 이렇게 강세를 보이는 이유는 저층 재건축이 본격화되었기 때문이다.

　실제로 재건축이 강남 지역의 부촌 등급을 결정짓는 주요 호재로 떠오른 지 오래다. 지난 2000년 초 대세 상승기 때 강남의 도곡동과 대치동 일대의 일부 아파트가 재건축 호재에 힘입어 최고의 부촌으로 뛰어올랐다. 이어 2000년대 후반과 2010년 초 서초구 반포동 일대에 재건축이 본격화되자 이 지역이 도곡동과 대치동을 누르고 국내 최고 부촌의 자리를 차지한 바 있다.

다음은 어디일까?

강남 아파트의 재건축 논의는 1980년대 후반부터 꾸준히 제기되었다. 네이버의 뉴스 라이브러리에 의하면 1988년 4월에 이미 '강남 재건축 노후아파트 투기 붐으로 문제가 발생한다'는 뉴스가 있다. 90년대 이전의 뉴스를 검색하는 이 서비스에서 '강남 재건축'으로 검색하면 무려 718건이 검색된다. 오래전부터 진행되어온 지역적 특수성으로 인해 강남 개발 초기에 건설된 아파트의 경우 반포주공1단지 등 일부를 제외하면 이미 재건축이 완료되었다. 개포동 사업 이후에는 남아 있는 반포 지역 아파트의 재건축이 이어질 것으로 예상된다.

2017년에는 송파구에서 아직 재건축이 진행되지 않은 잠실미성아파트를 포함한 단지들이, 그리고 강동구에서는 고덕 구역이 진행될 것으로 보인다. 규모나 물량으로 보건데 송파구가 강남 재건축시장을 이끌 것으로 보이는데 부동산114에 의하면 2016년 6월 말 기준으로 송파구 재건축 아파트 시가총액은 15조 1,021억 원으로 추정된다. 2015년 말에 비해 송파구가 7.7% 증가해 6.1% 증가한 강남구보다 증가폭이 더 컸다고 한다.

2018년에는 다시 대치동으로 재건축의 붐이 옮겨오지 않을까 싶다. 강남 재건축이 상징 은마아파트가 버티고 있는 대치동. 13년의 세월은 더 이상의 좌고우면을 허락하지 않을 것 같다. 2003년 사업추진위원회 설립 이후 13년간 표류했던 은마아파트 재건축사업이 '폭15미터 도로건설' 조건이 해결되면서 사업추진이 본격화될 것으로 보인다.* 미도, 우성, 선경아파트 등 강남 교육특구의 신화를 만든 대치동의 대규모 아파트들이 본격적인 재건축사업에 들어갈 것으로 보인다.

다시 한강변으로

2019년에는 대치동 재건축사업의 시공사 선정이 마무리되면서 다시 한강변으로 그 관심이 옮아갈 것으로 보인다. 압구정동이다. 어떤 전문가들은 압구정동이 오히려 대치동보다 빨리 진행될 것으로 예상하는 경우도 있다. 주민들의 재건축 추진 의지가 훨씬 더 강하기 때문이다. 대치동과 앞서거니 뒤서거니 하면서 한강변 최고의 입지인 압구정 전략정비구역으로 투자자의 관심이 이동할 것으로 예측된다. 지금까지 살펴본 바와 같이 강남 재건축사업의 전개 방향을 예측해보는 것은 투자의 방향이나 시점을 판단하는데 매우 중요한 의사결정의 변수가 될 것이다.

부동산투자의 성공요인은 좋은 상품을 고르는 것이다. 하지만 이에 못지않게 타이밍도 중요하다. 타이밍이란 남들을 따라가는 것이 아니

● 서울시가 2006년 수립한 '도시 및 주거환경정비 기본계획'에 따라 폭 15m 도로가 단지 내에 들어설 경우 사업성이 크게 악화된다. 폭 15m 도로가 단지 한가운데를 통과하면 사선제한으로 도로 주변의 건물을 높게 지을 수 없어 일반 분양 물량(200여 가구)이 줄어드는 문제도 있지만 도로의 사선제한 탓에 동 배치가 자유롭지 못하는 등 걸림돌이 많았다. 하지만 서울시가 2015년 9월 은마아파트 단지 중간에 폭 15m 도시계획도로 계획을 폐지하는 도시·주거환경정비기본계획변경안을 조건부로 통과시키며 사업추진이 본격화되었다.

라 남들보다 먼저 가서 자리를 잡는 것이다. 물론 너무 빨리 가도 안 된다. 한 발도 아니고 반 발만 앞서가는 것, 부동산투자의 가장 뛰어난 타이밍 전략이 아닐까 싶다.

02
—
영원한 블루칩,
압구정

압구정동은 예전부터 경치가 빼어난 곳으로 유명했다. 한강변에 돌출된 곳에 있어 서울의 명산들을 두루 조망할 수 있었다. 세조와 성종 대를 거치며 최고의 권신으로 세상을 쥐락펴락하던 한명회는 말년에 이곳에 별장을 짓고 명나라 문인 예겸에게 압구정, 즉 '갈매기와 친하게 지내는 정자' 라는 뜻의 이름을 받는다. 압구정동의 역사는 그렇게 시작되었다.

압구정 아파트 지구, 객관적 분석 필요
- -

강남 개발과 함께 아파트촌으로 변모한 '압구정 아파트지구' 는 최근 재건축 추진에 대한 주민 동의율이 50%(추진위원회 설립 요건)가 넘는 단지가 잇따라 나타나 재건축사업에 대한 기대감이 높아지고 있다. 이들 아파트단지는 동호대교 남단 한강변에 인접한 115만㎡ 부지에 위치한다. 1976년 준공된 현대1차를 비롯해 24개 단지 총 1만 545가구가 거주하고 이중 9,634가구가 재건축연한(30년)을 넘겼다. 아직 재건축 사례는 없지만 모든 재건축사업이 완료되면 1만 6,000세대의 새 아파트촌으로 탈바꿈할 예정이다. 압구정동은 과거의 경쟁력을 되찾을 수 있을까.

2015년, 2016년 가파르게 올랐던 압구정동의 아파트 매매가격은 11·3부동산대책 이후 숨고르기에 들어섰다. 거래도 뜸하고 가격도 조정받고 있다. 재건축사업의 속도를 내고 있는 개포동과의 격차도 자꾸 벌어지고 있다. 넘어진 김에 쉬어간다고 압구정동 아파트의 재건축사업에 대한 객관적인 분석이 요구되는 때이다.

압구정동 재건축사업은 3가지 점을 유의해서 봐야 한다. ① 통합재건축 방식 ② 재건축초과이익환수제 그리고 ③ 층수 제한이 그것이다. 서울시는 2016년 10월 정비계획이 아닌 지구단위계획을 발표했는데 이로 인한 충격이 크다. 정비계획이란 각 재건축사업 단지별로 개발이 추진되지만 지구단위계획으로 전환되면 보다 광역적 개발로 바뀐다. 서울시는 현재 200%의 용적률이 300%로 바뀌면 가구수 증가(약 6,000세대)로 인한 교통영향 평가 등 전체적인 영향 평가가 필요하다는 이유에서다. 서울시 계획에 의하면 총 24개 단지는 6개 재건축사업단위로 구분되어 특별계획구역으로 지정해 주민 맞춤형 정비계획 수립을 유도한다고 되어 있다. 구체적으로 1–1블록(미성1·2차), 1–2블록(신현대아파트). 2블록(현대1~7차·10차·13차·14차), 3–1블록(한양4·6차·현대8차), 3–2블록(한양1~3차), 4블록(한양5·7·8차) 등이다.

통합 재건축, 초과이익환수제 그리고 층수 제한

주민들의 반발은 컸다. 과거 뉴타운 사례에서 보듯 통합, 광역개발은 사업지연이 불가피하기 때문이다. 심지어 뉴타운은 해제된 지역도 많아 주민들의 피해가 컸다. 실제로 2블록을 제외하고는 통합 재건축을 지지하는 블록이 거의 없다. 블록별로 전체 가구수와 가구별 전용면적이 달라 이해관계가 첨예하게 대립될 수 있기 때문이다. 1–1블록을 예로 들면 미성1차는 총 322가구에 전용 85㎡ 이하가 126가구(39.1%)에 불과하나 미성2차는 총 911가구 중 전용 85㎡ 이하가 459가구(50.4%)에 이른다. 미성1차는 대형 평수는 많은데 반해 가구수는 미성2차보다 적어 통합재건축 시 손해를 볼 수 있다는 인식이 팽배하다. 당연히 개별 추진방식을 선호할 것이다. 한양5·7·8차가 포함된 4블록 사정도 비슷하다.

재건축초과이익환수제는 여전히 강남 재건축시장을 뜨겁게 달구는 이슈다. 압구정 24개 단지 중 조합이 설립된 곳은 '한양7차'가 유일하고 대부분은 안전진단 이후 사업추진이 지지부진하다. 재건축추진위원회도 전무하고 그나마 재건축추진준비위원회가 몇 군데 활동하고 있을 뿐이다. 재건축추진준비위원회는 법적 효력이 없는 단체에 불과하다는 점을 고려하면 갈 길이 멀다. 압구정동의 아파트 단지들이 재건축 추진이 미진하면서 지구단위계획까지 도입되어 2017년 내에 관리처분계획 인가 신청을 하는 것은 거의 불가능해졌다. 심지어 환수제를 피할 목적으로 '신탁방식 재건축' 도입 논의도 이뤄지고 있지만 이 또한 일정상 쉽지 않고, 신탁방식도 이제는 환수제 적용 대상이다. 환수제를 적용받는다면 굳이 서두를 필요가 없다는 인식이 퍼지면 재건축사업에 불리하게 적용될 수밖에 없다. 이래저래 환수제가 문제다.

층수 제한은 쾌적성과 관련

최고층수 35층 제한도 치명적이다. 힐링과 웰빙 시대를 맞아 아파트 단지의 경쟁력은 쾌적성에 달려 있다. 용적률이 정해진 단지의 쾌적성은 층수와 건폐율에 좌우되는데 건폐율을 낮추고 층수를 높이면 쾌적해진다. 이른바 상품성이 높아진다는 말이다. 동수가 줄면서 간격이 넓어져 생활환경이 쾌적해진다. 최근 분양시장에서도 건폐율이 낮은 아파트에 대한 관심이 커 이를 반영하는 분위기다. '안산 라프리모'는 건폐율 14%이며, '백련산아이파크'도 15%에 그친다. '고덕신도시 자연&자이'는 11.9%에 그친다. 건폐율 12%라면 전체 대지면적의 12%만 건물이 들어서고 나머지 88%는 탁 트인 공간이라는 말

이다. 건폐율이 낮아지면서 층수가 높아진 점 또한 사업성을 높여준다. 조망권의 중요성이 커지면서 고층의 아파트 분양가격은 높게 책정할 수 있기 때문이다. 한강변에 위치한 압구정 지구의 경우 여타 강남 재건축에 비해 고층에 따른 조망권에 더 큰 프리미엄을 붙일 수 있다. 사업성이 획기적으로 개선될 수 있다. 10층 이상의 중층이며 용적률이 200% 내외인 압구정 아파트 지구의 경우 양보할 수 없는 변수다.

지금까지 살펴본 압구정 재건축사업의 이슈들은 사실 표면적인 것들이다. 행간은 조금 다른 데 있다. 첫 번째는 실거주자와 투자자의 갈등이다. 현재 압구정동 아파트는 낡고 주차공간이 부족하지만 거주하는 데는 크게 불편하지 않다. 본인 소유의 경우 내부는 수리를 해서 사는 데 큰 문제가 없다. 실거주자 입장에서는 크게 급하지 않다. 굳이 지금과 같이 여러 규제를 받으면서 서두를 필요가 있냐는 생각이

〈압구정 재건축 추진 단지〉

다. 하지만 투자자는 답답할 것이다. 사업진행 속도가 느리니 자금회수에 문제가 생기고 기대했던 수익률도 나오지 않아 팔기도 애매하다. 압구정 재건축사업에는 이들의 갈등으로 인한 문제가 더 클 수 있고, 표면적인 갈등의 이면에는 실거주자와 투자자 간의 갈등이 존재할 수 있다. 풀기 어려운 숙제가 아닐 수 없다. 전문가들의 견해에 의하면 실거주자가 많은 주거 선호 아파트의 경우 재건축사업의 진행이 더디다고 한다.

기다림의 미학이 필요

조합 유사 단체가 난립하고 있는 점도 문제다. 신현대단지를 가면 현수막이 어지럽게 걸려 있다. 이는 3곳 이상의 재건축 유사 단체들이 활동하고 있기 때문이다. 4개 이상의 재건축추진준비위원회가 활동했던 구현대와 달리 신현대에는 2017년 3월까지만 해도 재건축 관련 단체가 전무했다. 하지만 주민동의율이 40% 중반에 도달하자 추진위 주도권을 쥐기 위해 사전활동이 증가하기 시작했다. 준비위원회의 난립은 또 다른 복병이 될 수 있다.

압구정 재건축사업은 매매가격이 크게 조정될 가능성은 높지 않다. 우리나라 주택시장의 대표 선호단지이기 때문이다. 하지만 재건축사업의 핵심인 속도에서는 문제가 많다. 따라서 당분간은 조그만 호재와 악재에 가격이 출렁일 가능성이 높다. 서울시는 2017년

7월 압구정 지구단위계획 확정 고시를 보류했다. 2017년 5월에 이어 두 번째 보류 판정이다. 향후 서울시의 정책 방향을 주목해야 할 것이다.

강남 개포동,
압구정을 넘어서나?

서울의 대표적 주거 선호지역인 강남에는 테헤란로만 있는 줄 아는 분들이 많다. 3대 업무중심지역 중 하나이고 삼성, 현대, 롯데 등 국내 유수의 대기업 본사가 위치해 있으니 이런 이미지가 강하다. 하지만 강남의 강점 중 하나는 자연이다. 양재천 남쪽이자 구룡산, 대모산 북쪽 기슭에 있는 개포동은 이러한 자연을 가장 가까이서 만끽할 수 있는 대표 지역이다.

개도 포기한 동네라는 우스갯소리로 불리는 개포동의 아파트 매매가격이 압구정동을 추월한 것은 2011년부터다. 당시 3.3㎡당 압구정동의 아파트 매매가격은 3,631만 원, 개포동은 3,960만 원으로 4,000만 원에 육박했다. 이후 지금까지 대한민국 최고 부촌의 자리를 놓치지 않고 있다. 개포동 아파트가 가지는 가장 큰 장점은 재건축 사업의 속도다. 2016년 11 · 3부동산대책의 영향으로 강남권 대부분의 재건축 단지들이 주춤하는데 반해 사업 속도가 빠른 개포동 일대는 상승세를 이어가고 있다. 이로 인해 개포동의 부동산시장은 순항 중이다.

개포 재건축단지 사업 속도 빨라

또 다른 요인은 8 · 2부동산대책으로 실시가 확정된 재건축초과이익환수제다. 개포주공4단지는 2017년 2월 관리처분인가 신청을 마쳤다. 2017년 7월 27일 관리처분 신청을 위한 조합원 총회를 열었던 개포주공1단지 또한 재건축초과이익환수제를 피할 수 있게 되었다. 관리처분인가 이후로 매수문의가 늘어나고 있는 점 등을 고려한다면 재건축초과이익환수제에 대한 부담이 큰 것으로 보인다.

강남권 재건축단지의 경우 재건축초과이익환수제 회피 여부에 따라 사업성이 달라지니 이런 단지들에 대한 투자자의 관심이 높아지는 것은 당연하다. 투자자가 부동산 공인중개사 사무실을 방문하면 가장 먼저 묻는 질문도 재건축초과이익환수제를 피할 수 있냐는 것이다. 매물품귀 현상까지 일어나고 있다. 가격도 회복세를 보이는데다 단지별로 사업절차 진행이 순조로워 매도자 우위시장으로 다시 바뀌었다. 일부 매도자들이 물건을 회수하는 상황까지 벌어지고 있다.

개포지구는 32개 단지 2만 8,000여 가구로 북쪽에는 12~15층 21

〈개포지구 저밀도 재건축단지〉

재건축단지	단지명	총가구수	분양시기	시공사
개포주공2단지	래미안블레스티지	1,959(396)	2016년 3월	삼성물산
개포주공3단지	개포주공THE H	1,320(73)	2016년 6월	현대건설
개포시영	래미안강남포레스트	2,294(208)	2017년	삼성물산
개포주공4단지	개포주공4단지 자이	3,256(미정)	미정	GS건설
개포주공1단지	미정	6,642(미정)	미정	현대건설 현대산업개발

* 총가구수의 ( )는 일반분양세대임

개 단지가 몰려 있고, 남쪽에 저층 11개 단지 1만 4,000여 가구가 들어서 있다. 국내 최초의 택지개발사업 지구로 1982년 입주한 저층단지는 가격이 저렴하여 주로 서민들이 입주했다. 주거환경도 좋지 않았다. 하지만 서울의 저밀도 재건축 사업은 2000년대 진행된 송파구 잠실, 서초구 반포 이후 없었다. 이번 개포주공 재건축으로 저밀도 재건축사업이 다시 한 번 탄력을 받을 전망이다. 저밀도 아파트는 기본적으로 용적률이 낮기 때문에 사업성이 높다는 장점이 있다. 이는 사업 속도를 빠르게 하고 재건축초과이익환수제와 같은 장벽을 가뿐히 뛰어넘을 수 있는 것이다.

재건축초과이익환수제도 피할 수 있어

현재 개포지구는 2016년 분양을 마쳤거나 2017년 분양일정을 앞둔 단지와 저층단지 그리고 중층단지(개포주공5, 6, 7단지) 등 총 3구역으로

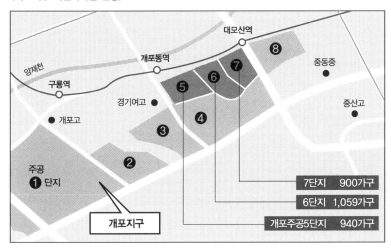

〈개포지구 재건축사업 현황〉

7단지　900가구
6단지　1,059가구
개포주공5단지　940가구

나눌 수 있다. 저층단지인 1단지와 4단지는 올해 안에 이주가 예정되는 등 최근 사업진행이 빨라지고 있다. 하지만 중층단지는 여전히 답보상태다.

서울시는 2017년 3월 열린 도시계획위원회에서 개포주공6, 7단지 주택재건축정비계획 및 정비구역 지정안을 보류했다. 이에 앞서 개포주공5단지 정비계획안도 2016년 6월 보류 결정한 바 있다. 서울시는 5, 6, 7단지를 통합해서 재건축하는 방안을 권장하고 있다. 여러 단지를 묶어 개발하면 도로, 공원 등 기반시설을 따로 조성할 필요가 없고 오히려 대규모로 조성할 수 있기 때문이다.

서울시와 조합 간 의견 조율 등 시간이 더 소요되겠지만 저층 재건축이 마무리 단계에 접어들었기 때문에 실제로는 저층단지와 비교해 용적률에 큰 차이가 없어 사업성이 보장되는 중층 재건축사업도 순조롭게 진행될 것으로 예상된다. 특히 개포동역과 대모산역이 바로 인접한 역세권에 위치해 있기 때문에 기존의 저층 단지들이 누리는 자연친화적 혜택과 함께 역세권이 가지는 편리한 인프라도 공유할 수 있을 것이다. 따라서 이미 많이 오른 저층단지보다 중층단지에 관심을 가져보는 것도 나쁘지 않다. 사업추진 속도에 차이가 있지만 저층단지에 비해 3.3㎡당 매매가격도 반값 정도다.

개포지구 중층재건축단지에도 관심을

공무원연금공단에서 공무원임대아파트로 운영하던 개포주공8단지와 9단지도 재건축사업에 들어갈 것이다. 여기는 행정구역상 정확히는 일원동인데 대모산역에 붙어 있는 8단지의 경우 2015년 현대건설, 현대엔지니어링, GS건설 등 3개사가 공무원연금공단에서 부지를 사들여 재건축을 진행하고 있다. 2017년 4월 개포택지개발지구 지구단위위원회 결정(변경)안이 도시건축공동위원회를 통과해 2,000세대의 대단지 아파트로 탈바꿈할 것이다. 민간에 매각한 8단지로 인해 줄어드는 공무원 임대주택물량은 9단지 재건축에서 확충해야 한다. 하지만 서울시의 층수 제한(35층)을 웃도는 고층 재건축을 시도하다 보류 판정을 받았다. 9단지는 순수한 임대아파트로 계획 중이나 8단지, 9단지까지 재건축이 완공되어야 개포 지구의 변신이 완성될 수 있으니 사업진행 상황을 체크하는 것이 필요하다.

사업추진이 빠른 개포지구 재건축사업에 또 다른 복병은 조합 비리다. 국토교통부와 서울시는 2016년 11·3부동산대책 발표 이후 강남권 재건축 단지 합동점검 결과, 개포시영, 개포주공4단지 등이 도시정비법을 위반했다며 2017년 2월 검찰 수사를 의뢰했다. 해당 조합에는 조합장 교체 권고조치가 내려졌다. 하지만 강제성이 없는 권고조치라 조합장 교체는 쉽지 않다. 교체절차도 번거롭다. 따라서 이와 같은 비리가 계속 발생할 가능성이 높다. 조합 비리는 재건축사업을 불안하게 만들고 조합원들의 비용부담을 증가시키는 요인이 되기 때문에 재건축사업을 어렵게 만들 수 있다.

04

강남4구,
강동구의 변신

요즘에는 서울과 부산을 오갈 때 비행기를 많이 이용하지만 과거에는 KTX를 타고 다녔다. 학교가 먼 곳에 있어 수업이 끝나고 KTX를 타면 저녁 늦게 서울에 도착한다. 대중교통편이 끊어지는 시간이라 택시를 탈 수밖에 없는데, 행선지를 이야기하고는 깜빡 잠이 드는 경우가 많았다. 당시 거주하던 곳이 강서구 등촌동이었는데 선잠에서 깨어나 주변을 둘러보니 서울역에서 탄 택시는 반대 방향으로 주행 중이었다. 깜짝 놀라 다시 행선지를 확인해보니 강서구 등촌동과 강동구 둔촌동을 착각한 것이었다.

강남에 거주하는 분들은 강동구를 강남4구라고 칭하는 것을 좋아하지 않는다. 송파와도 아파트 매매가격 차이가 꽤 나는데 강동까지를 묶어 강남4구라 불러야 하냐는 것이다. 하지만 이런 강동구가 곧

〈강동구 주요 분양(예정)단지〉

위치	단지명	전용면적	총가구수	분양시기	건설사
고덕동 210-1	고덕센트럴 푸르지오	40~59	656 (509)	2017년 6월	대우건설
		19~44	127		
상일동 187	고덕롯데캐슬	59~122	1,859(867)	2017년 5월	롯데건설
상일동 121	고덕주공3단지	59~114	4,066(1,398)	2017년 9월	대림산업, 현대건설
상일동 131	고덕센트럴 아이파크	59~130	1,749(730)	2017년 9월	현대산업개발

천지개벽을 할 듯하다. 부동산114에 의하면 2017년 5월 서울의 아파트 매매가격은 0.3% 올랐으나, 강동구는 1.28% 상승하여 서울의 가장 핫한 지역으로 떠오르고 있다. 재건축 덕분이다. 기존의 낡고 오래된 아파트들이 재건축사업을 통해 새 아파트로 탈바꿈하는 것이다. 6월부터 이주를 앞두고 있는 둔촌주공아파트, 5월에 분양한 고덕롯데캐슬(고덕주공7단지 재건축 단지), 4월부터 전매제한이 풀린 '고덕 그라시움(고덕주공2단지 재건축단지)' 등이 앞서거니 뒤서거니 하면서 아파트 가격을 끌어올리고 있다.

강동구 재건축사업이 주목을 받는 이유는 물량도 물량이지만 재건축초과이익환수제를 피할 수 있다는 장점 때문이다. 최근 재건축 아파트는 초과이익환수제를 벗어나느냐 아니냐로 흥망이 갈리는데, 강동구는 재건축 절차가 늦은 단지들도 분양을 앞두고 있어 큰 문제가 없다. 실제로 대치동과 압구정동의 경우 거래가 줄어들고 있지만 사업 속도가 빠른 개포동과 둔촌동의 경우 오히려 거래가 늘고 있다. 둔

〈강남권 주요 재건축 단지 거래 추이〉

단지	2016년 4분기	2017년 1분기	2017년 2분기
개포주공1단지	19건	76건	43건
둔촌주공1~4단지	93건	101건	158건
잠실주공5단지	14건	42건	11건
은마	13건	66건	23건
압구정현대	24건	38건	16건

* 서울부동산정보광장

촌주공1~4단지의 경우 2016년 4분기 93건이었던 거래 건수가 2017년 2분기에는 158건으로 늘어났다.

또 다른 이슈는 베드타운에서 자족도시로의 변신이다. 강동구는 강남권역 내 '베드타운'이라는 인식이 강하다. 둔촌동만 해도 재건축사업을 모두 마치면 2만 가구 규모의 미니 신도시로 변신하는데 지역 내 업무 인프라가 부족한 것이 한계로 지적되었다. 실제 강동구의 상업지는 서울시 전체 평균(4.3%)에 미치지 못하는 2.3%에 불과하다. 하지만 이제는 그런 이야기를 하기 곤란할 듯하다.

강동구의 업무단지 조성사업 중 가장 주목을 받는 것은 '고덕상업·업무복합단지' 조성사업이다. 고덕동 353번지 일대에 23만 4,500㎡ 규모로 복합쇼핑몰과 비즈니스 시설, R&D(연구·개발)센터 등이 들어서는 사업으로 현재 전체 95% 이상의 토지를 보상하고 오는 2020년까지 사업 완료를 목표로 속도를 내고 있다. 이 단지 조성이 완료되면 상주인구만 3만 8,000명으로 예상된다. 또한 엔지니어링 복합단지도 2019년 조성을 목표로 추진하고 있으며, 이미 조성사업이 완료된 고덕첨단업무단지에는 삼성엔지니어링 등 40여 개 기업이 입주하여 이미 1만 5,000명이 근무 중이다.

직주근접은 부동산시장의 영원한 정답이다. 근무시간이 길고, 통근시간마저 만만치 않은 우리나라에서 직장 가까이 아파트가 있다는 것은 축복이다. 사람이 몰리고 돈이 몰리는 여건이 조성된다는 말이다. 교통여건 개선도 호재다. 강동구는 지하철 9호선 연장과 함께 서울–세종고속도로 건설 등 교통망 확충 기대감도 함께 한다. 현재도 중부고속도로, 천호대교, 올림픽대로 등 도로 여건이 우수하지만 향후에는 서울 도심과 경기도를 잇는 중요한 요충지로 자리 잡을 것으로 보인다.

강동구 재건축시장의 위험 요소는 입주물량과 정부의 정책변수다. 2017년 무려 5,411세대의 입주가 예정되어 있다. 대표단지는 2014년 4월 분양한 고덕래미안힐스테이트(3,658세대)다. 더 큰 문제는 인접지역이라고 할 수 있는 송파구와 하남시의 입주물량이다. 2018년 송파구는 가락시영아파트를 재건축한 헬리오시티(9,510세대)가 입주하며, 하남시의 경우 2016년 1만 5,500세대에 이어 2018년에는 7,600세대의 입주가 예정되어 있다. 입주에는 장사 없다는 부동산시장의 격언이 적용된다면 다소간의 조정이 예상된다.

8 · 2부동산대책으로 강동구를 포함한 서울 전역이 투기과열지구로 지정되었다. 정부의 잇따른 부동산 대책에도 시장의 호황이 계속되고 있기 때문이다.

하지만 강동구는 여전히 저평가되어 있다는 인식이 높다. 재건축이 완료되면 서울 속 신도시로 확고히 자리 잡을 것이다. 환경과 학군을 중요시하는 젊은 부부나 은퇴자 모두에게 인기가 높을 것으로 보인다.

05
—

방배동과 사당동
재건축

방배동은 서초구의 서쪽 끝에 위치해 있으며 우면산을 등지고 있다고 하여 동 이름이 방배(方背)다. 조선 후기부터 그 이름을 유지해왔으니 서울에서도 역사가 긴 동네 중 하나다. 물론 서울 강남의 대부분 지역처럼 과거에는 한강이 자주 범람하던 낮은 곳으로 쓸모없던 늪지대였다. 1972년 영동1추가택지구획정리사업에 따라 주거지와 도로가 생겨나기 시작하면서 발전의 기틀을 마련하였다.

　방배동은 서초구의 끝자락에 있어 최근까지도 강남권에서 가장 소외된 지역이다. 고층아파트가 빼곡히 들어서 있는 강남의 여타 지역과는 달리 방배동을 방문하면 3, 4층 높이의 단독, 연립주택들이 즐비하여 낙후되었다는 느낌을 받는다. 이런 점들은 부동산 가격에도 반영된다. 2015년 서초구에서 아파트 매매가격 상승률이 가장 낮았던

구분	반포동	잠원동	서초동	양재동	방배동	신원동	내곡동	우면동
3.3㎡당 가격	4,499	3,742	2,601	2,426	2,400	2,399	2,299	2,288
상승률	9.99%	17.23%	5.77%	18.40%	6.14%	4.43%	2.25%	2.48%

* 부동산114

곳은 방배동이었다. 부동산114의 자료에 의하면 2015년 방배동 아파트 매매가격은 4.46% 상승하여, 서초구에서는 유일하게 5% 이하인 지역이었다. 2016년에는 아파트 매매가격 상승률이 6.14%로 다소 회복되었지만 양재동(18.40%), 잠원동(17.23%), 반포동(9.99%) 등 서초구의 대표 동들에 비하면 낮은 수준이다. 2,400만 원인 3.3㎡당 아파트 매매가격도 반포동(4,499만 원), 잠원동(3,742만 원), 서초동(2,601만 원) 등 서초구의 대표 동과는 차이가 크다.

소외되었던 방배동, 재건축으로 선전 중

하지만 재건축 사업으로 넘어가면 이야기가 달라진다. 방배동의 재건축 아파트 매매가격 상승률은 2015년 5.59%에서 2016년 11.53%로 수직 상승한다. 방배동의 선전에는 수급 불일치가 큰 요인으로 언급된다. 지난 6년 동안(2011~2016) 방배동에 공급된 신규 아파트는 804세대에 그쳐 서초구 전체에서 차지하는 비중이 5%에 불과하다. 2001년에서 2005년 사이에는 6,237세대, 2006년에서 2010년 사이에는

〈시기별 서초구 아파트 공급물량〉

구분	2001~2005	2006~2010	2011~2016
서초구(A)	1만 9,166세대	1만 3,429세대	1만 6,039세대
방배동(B)	6,237세대	2,420세대	804세대
비중(B/A)	32.5%	18.0%	5.0%

* 부동산114

2,420세대가 방배동에 공급되었던 점을 고려하면 최근 5년간 신규 공급량은 급격히 줄어든 것임을 알 수 있다.

서리풀터널 개통은 결정적 호재다. 과거 장재터널, 정보사터널 등으로 불렸던 서리풀터널은 2015년 10월 착공하여 2019년에 개통할 예정이다. 37년 동안 단절되었던 서초대로가 연결되는 것이다. 이 공사는 서초동 국군정보사령부 부지로 막혀 있던 서초대로에 터널을 뚫는 공사다. 기존 정보사 부지에는 컨벤션센터, 미술관 등 복합문화클러스터가 조성될 계획이다. 아파트는 짓지 않고 3만 2,200㎡의 문화공간이 탄생하는 것이다. 기존의 예술의 전당, 국립중앙도서관 등과 함께 상당한 시너지 효과를 보일 것이다.

지난 20여 년 동안 계획으로만 그쳤던 서리풀터널이 개통하면 서초구의 끝자락이 강남 중심부로 접근하기가 쉬워 일대 재건축 사업에 큰 호재로 작용할 것이다. 방배로 내방역 교차로에서 서초역사거리 교차로(대법원 앞)를 연결하여 테헤란로를 승용차로 접근하는데 20분 안팎밖에 걸리지 않게 된다. 기존의 상습 정체구간이 뻥 뚫리는 것이다.

과천 재건축과 연계된 움직임 주시해야

방배동의 바로 아래에 위치한 과천 재건축의 영향 또한 무시할 수 없다. 과천시의 재건축사업이 발 빠르게 진행되면서 외지인의 투자가 늘어나고 아파트 매매가격이 오르자, 소외받았던 방배동 또한 서두르고 있다. 과천시와 방배동의 아파트 매매가격 차이는 2006년 1,268만 원에서 2012년에 184만 원으로 줄어들었다가 2016년에 다시 624만 원으로 늘어났다. 과천 재건축의 훈훈한 온기가 퍼지기를 기대하고 있다.

2017년 1월 현재 재개발·재건축 포털사이트 서울시클린업시스템에 따르면 서울 서초구 방배동에는 총 13곳의 재개발·재건축 사업이 추진 중에 있다. 이중 가장 먼저 시작한 곳은 2017년 1월 청약하여 2018년 10월 입주가 예정된 방배3구역(방배아트자이)이다. 앞으로 남은 곳은 사업시행인가 2곳(방배5구역, 방배경남), 조합설립인가 5곳(방배16구역, 방배14구역, 방배신성빌라, 방배13구역, 방배6구역) 등이 있다. 그 외 추진위 설립 4곳(방배삼익, 방배신삼호, 방배7구역, 방배삼호, 방배8구역), 구역지정심의 단계 1곳(방배15구역) 등이다.

재건축사업에 대한 기대감에 비교적 속도가 빠른 방배5, 6구역 조합원 입주권은 거래시장에서 귀한 대접을 받고 있다. 현재 5, 6구역 대지 지분 시세는 3.3㎡당 1억 원 가까이 형성돼 있다. 매물을 찾는 문의는 꾸준하지만 방배동 재건축사업이 본격화되면 가격이 더 오를 것으로 기대하는 조합원들이 물건을 내놓지 않고 있다. 방배동에서

〈서초구 방배동 주택재건축사업 추진현황〉

구분	관리처분인가	사업시행인가	조합설립인가	추진위 승인	기타
구역	방배3구역	방배5구역 방배경남	방배16구역 방배성신빌라 방배13구역 방배6구역 방배14구역	방배삼익 방배신삼호 방배7구역 방배삼호 방배8구역	방배15구역 (지정 심의)

* 서울시 재개발 · 재건축 클린업시스템(2017년 1월 현재)

는 이외에 13, 14구역이 2016년 들어 추가로 조합설립인가를 받았고 15구역은 정비구역 지정을 추진하고 있다. 방배동 재건축사업의 장점은 사업 초기 단지들이 많다는 점이다. 관리처분이나 사업시행인가 구역들이 많지 않고 대부분이 조합설립인가 단계로서 투자가치가 크다.

구역별 속도 차이, 재건축초과이익환수제는 극복 과제

이에 반해 단점도 지적된다. 구역별 속도 차이가 꽤 나기 때문에 방배동 재건축사업 전체가 주목을 받지 못할 수도 있다. 방배3구역이 2017년 1월 분양했지만, 그 외 물량은 2018년 이후에 분양할 것으로 예상된다. 동시에 또는 순차적으로 분양이 이어져야 하는데 이렇게 간격이 생기면 투자자들의 관심 또한 멀어질 수 있다. 여전히 많은 다세대, 연립주택의 비중도 고민거리다. 그중 고급빌라도 있으나 아파트에 비해 주거의 질이 떨어지는 연립과 다세대가 상당하다. 이러한 주택 간 질적 차이는 방배동 재건축사업이 성공적으로 진행되어도 지속적인 아킬레스건으로 작용할 것이다.

재건축초과이익환수제도 걱정거리다. 조합설립이 인가난 사업장의 경우 시공사 선정을 마무리하고 2017년까지 관리처분인가를 받는데 사력을 다할 것으로 보인다. 그 외 조합설립 이전 추진위 단계에 머물고 있는 단지들 중 일부는 신탁방식의 사업 추진도 고려중인 것으로 알려졌다.

사당동 재건축에도 관심을

방배동과 동작대로 하나를 사이에 두고 있는 사당동 또한 주택재건축 사업이 추진 중이다. 2019년 개통을 앞둔 서리풀터널을 통해 강남 중심부로 접근하기가 쉬워지는 점도 방배동과 마찬가지다. 서리풀터널이 개통되면 방배동뿐만 아니라 사당동 역시 서초대로를 통해 테헤란로까지 바로 연결되면서 강남 생활권으로 편입될 수 있다. 이러한 교통망 개선으로 방배동과 사당동 간의 가격 차이는 줄어들 것으로 보인다. 2016년 현재 3.3m²당 사당동의 아파트 매매가격은 1,592만 원이다. 방배동(2,400만 원)과는 3.3m²당 거의 800만 원이 차이난다. 따라서 사당동의 재건축사업에 대한 투자도 고려해볼 만하다.

현재 사당동은 5개 구역이 재건축을 추진하고 있다. 가장 빠른 곳

〈사당동 주택재건축사업 추진현황〉

구분	관리처분인가	사업시행인가	조합설립인가	추진위 승인
구역	사당1구역 사당2구역	사당3구역		사당4구역 사당5구역

* 서울시 재개발 · 재건축 클린업시스템(2017년 1월 현재)

은 2015년 11월에 분양한 사당1구역(래미안 이수역 로이파크)이다. 사당 2구역과 3구역은 비교적 사업추진이 빨라 2017년 내 분양 예정이다.

06
과천은 과거의 영광을
재현할 수 있을까?

과천은 예전부터 강남을 대신하는 주거선호지역이었다. 행정구역상 경기도에 위치했지만, 서울 강남권과 인접한 지리적 조건, 정부종합청사가 있는 행정도시로서의 장점, 환경 친화적인 계획도시라는 뛰어난 매력을 가지고 있다. 특히 도시 외곽이 개발제한구역(그린벨트)으로 둘러싸여 더 이상 주택을 공급할 수 없다는 독점적 요인도 과천 주택시장의 뛰어난 경쟁력 중 하나였다. 과천시의 그린벨트 면적비중은 85%에 달한다.

이런 과천의 경쟁력은 아파트 가격에서도 그대로 드러난다. 2006년 과천의 3.3㎡당 아파트 매매가격은 3,695만 원으로 강남구(3,546만 원)보다 높았다. 서초구는 당시 2,778만 원으로 과천시와 거의 1,000만 원 가까운 차이를 보였다. 하지만 과천정부청사 이전 이후 분위기

구분	2006	2007	2008	2009	2010	2011	2012	2013	2014	2015	2016
강남	3,546	3,504	3,133	3,402	3,304	3,177	2,877	2,837	2,964	3,218	3,549
서초	2,778	2,744	2,503	2,844	2,879	2,864	2,644	2,578	2,706	2,915	3,265
과천	3,695	3,298	2,575	3,034	2,866	2,638	2,340	2,381	2,451	2,641	3,024

* 부동산114

는 확 달라졌다. 부동산시장은 약세를 면치 못했다. 이에 더해 금융위기로 시장이 장기침체로 접어들면서 과천의 노후화된 아파트들은 투자자의 관심에서 급속히 멀어졌다.

과천 아파트, 정부청사 이전으로 타격받아

과천에 공급된 대부분의 아파트는 정부 제2청사가 입주한 1982년 이후 집중적으로 공급되었다. 과천시의 노후 아파트 단지는 80%가 넘어 대부분의 단지들이 재건축사업의 영향권 아래 있다. 하지만 계획도시인 과천시의 기존 아파트 용적률은 저층 주거지역의 경우 100% 이하로 관리되고 있었다. 2000년 이후에도 재건축사업에 적용되는 용적률이 190% 이하로 결정되어 주거환경 보전이 정책의 우선 순위였다. 2008년 3단지 재건축 이후 새 아파트가 더 이상 늘어나지 않는 것도 이런 이유 때문이다.

하지만 2008년 금융위기 이후 과천시 재건축 계획은 달라졌다. 금융위기에 따른 재건축활성화대책으로 용적률 상향 정책이 도입되면서 재건축 계획이 바뀌었다. 2010년 경기도가 확정한 과천시 정비기본계획에서는 재건축사업에 적용되는 용적률 범위를 20~30% 완화하는 내용이 도입되었고 과천시장의 권한으로 용적률을 10% 추가 완화하여 용도지역별로 200~220%의 용적률로 재건축사업을 추진할 수 있게 되었다. 당시에는 부동산시장이 침체기를 겪고 있어 이런 호재가 별다른 영향을 미치지 못했다.

하지만 최근 부동산 가격 상승기 초입이었던 2014년 이후 2016년 말까지 과천시의 아파트 매매가격 상승률은 27.7%에 달한다. 전국에서 가장 주목받았던 강남구의 상승률이 26.16% 수준이니 과천시의 부활은 무섭다. 과천시 부활의 1등 공신은 당연히 재건축사업인데 여기에 기름을 부은 것은 사업 속도다. 과천시 재건축사업의 주축은 주공아파트인데 총 12개 단지로 구성되어 있다. 이 단지 가운데 3월 1단지를 시작으로 7월 6단지, 11월 2단지와 7-1단지까지 2016년에만 4개 단지가 관리처분인가에 성공했다. 또 안전진단을 통과한 4, 5단지는 2017년 5월 정비구역으로 지정되었고, 10단지는 2016년 11월 정비구역으로 이미 지정되었다. 이밖에 8, 9단지는 안전진단을 통과한 상태고, 12단지는 건축 심의 중이다. 대부분의 주요 사업들이 순항 중이다. 잇따른 심의 보류 결정으로 압구정과 잠실 등지의 재건축 진행이 지지부진한 서울시와는 대조되는 모습이다. 부동산114에 의하면 2016년 12월 기준으로 강남3구에서 재건축을 추진하는 단지 가운데 서울시 도시계획위원회 심의에 22건이 상정되었는데 가결된 것은

〈과천주공 재건축 추진현황〉

단지	사업단계
1단지	3월 관리처분인가, 2017년 상반기 일반 분양 예정
2단지	11월 관리처분인가, 2017년 9월 일반 분양 예정
3단지	2008년 입주 완료
4단지	안전진단 통과, 2017년 5월 정비구역 지정
5단지	안전진단 통과, 2017년 5월 정비구역 지정
6단지	7월 관리처분 인가, 2017년 하반기 일반 분양 예정
7-1단지	11월 관리처분 인가, 2017년 하반기 일반 분양 예정
7-2단지	5월 일반 분양 완료
8단지	안전진단 통과
9단지	안전진단 통과
10단지	11월 정비구역 지정
11단지	2007년 입주 완료
12단지	건축심의 중

* 과천시

6건에 불과했다. 무려 16건이 보류 판정을 받아 심의 통과율은 27.2%에 불과하다. 하지만 관할 지자체인 과천시는 서울시 등 다른 지자체와 달리 재건축에 호의적인 입장이라 사업 추진에 가속도가 붙고 있다. 주민이 제출한 재건축 계획안에 특별한 문제가 없으면 바로 승인해주고 있다.

사업 속도가 1등 공신

강남권 재건축의 움직임 또한 변수다. 여하튼 속도에서야 과천을 따

〈수도권 주요지역 분양가 동향〉 (단위 : 만 원/3.3㎡)

구분	강남	서초	송파	과천	부천	안양
2015	3,950	4,102	2,496	–	1,047	1,325
2016	3,916	4,225	2,126	2,760	1,709	1,420

* 부동산114

라잡기 힘들지만 분양가는 사업성을 좌우할 수 있는 중요한 참고자료가 되기 때문이다. 강남과 달리 대한주택도시보증공사의 관리대상은 아니기에 분양보증을 핑계로 분양가를 조정하려는 움직임은 없으니 강남권 재건축 일반 분양분의 분양가격이 올라가면 과천의 재건축사업에는 호재가 된다.

2015년, 2016년 2년 연속 강남의 분양가격은 3.3㎡당 3,900만 원을 넘겼다. 정부의 간접적인 분양가 규제가 없었다면 분양가를 더 높게 책정할 수도 있었으나 분양보증을 받기 위해 분양가를 낮게 책정한 것이다. 일반 분양가를 3.3㎡당 4,457만 원으로 책정했으나 4차례에 걸쳐 4,130만 원으로 인하한 개포주공3단지가 대표적인 사례다.

이에 비해 2016년 과천시의 분양가는 2,760만 원에 불과하다. 2017년 분양 예정인 단지들은 3.3㎡당 3,000만 원이 넘는 분양가를 책정할 것으로 기대된다. 당연히 사업성이 좋아지고 사업추진의 속도 또한 더욱 빨라질 것이다.

과천지식정보타운도 호재

과천 부동산시장에서 재건축사업이 차지하는 비중이 크기에 과천지식정보타운이 뒷전으로 밀려나는 모양새다. 하지만 과천지식정보타운은 공공분양 4,710세대, 민간분양 3,562세대 등 8,272세대의 공동주택과 단독주택 209세대까지 총 8,481호가 건설될 계획이다. 그동안의 공급부족이 일거에 해소될 수 있는 호재다. 특히 기업유치, 첨단산업연구단지 조성 등은 또 다른 호재랄 수 있다. 그동안 멀게만 느껴졌던 정부청사역과 인덕원역 사이에 과천지식정보타운역(가칭)이 신설되어 지하철 이용에 따른 교통 불편이 획기적으로 개선될 예정이다.

과천의 전세가격 상승률은 11.76%로 수도권에서 가장 높다. 수도권 대부분 지역의 전세가격이 안정세를 보이는 반면 과천만 뜨겁다. 이는 2017년 시작될 지식정보타운 분양아파트의 청약 1순위 자격에 '입주자 모집공고 시점을 기준으로 1년 이상 과천 거주'라는 조건이 포함되었기 때문이다. 이 때문에 전세뿐만 아니라 월세라도 찾으려는 세입자들이 많다. 기존 재건축사업의 이주 수요까지 겹쳐 전세난을 초래하고 있다.

과천시가 시 승격 30주년을 맞아 조사한 '2016 과천시민 의식구조 조사' 결과 주거환경에 대한 종합만족도는 67.5점으로 2012년 60.4점에 비해 7.1점이나 높아졌다고 한다. 과천은 환경 친화적인 계획도시로 힐링 시대에 살기 좋은 도시로 자리매김할 것이다. 살기 좋은 도시가 결국 재건축사업도 성공하지 않겠는가.

07

위례신도시 턱밑,
성남

위례신도시의 턱밑에 위치한 성남 지역은 위례터널 개통, 위례~신사선 연장 등 교통호재가 이어지면서 문의도 꾸준하며, 가격도 오름세다. 분당, 판교, 위례 등 대규모 신도시에 밀려 투자자의 관심에서 멀어졌던 성남 구도심이 새롭게 탈바꿈하고 있다. 재개발과 재건축사업이 동시에 이루어지는 성남 구도심의 부활은 위례신도시가 큰 역할을 했다. 실제로 성남시의 산성동과 은행동의 경우 도로(수정로)만 지나면 위례신도시로 접근 가능하다. 둘러서 가더라도 5분을 넘지 않는다. 프리미엄만 2억 원이 넘게 붙은 위례신도시의 성공으로 성남시 구도심도 새롭게 주목 받고 있다.

신흥주공이 대장주

성남 구도심의 재개발·재건축 사업의 랜드마크는 신흥주공아파트다. 2016년 관리처분계획을 인가받고 이주 절차를 끝내고 2017년 8월 분양 예정이다. 기존 신흥주공아파트와 통보8차 아파트 등 모두 2,406가구를 철거하고 3,997가구의 지상 3층~지상 28층의 아파트 40개 동을 신축하는 사업이다. 세대수는 2016년 10월 관리처분변경 총회에서 4,089세대로 늘어나 수익성이 더욱 개선되었다. 정비구역 면적은 18만 1,292㎡이며 건축계획상 대지면적 16만 2,207㎡에 용적률(아파트) 246.5%를 적용했다. 현대산업개발과 포스코건설, 롯데건설 컨소시움이 시공사로 참여한다.

신흥주공아파트는 2017년 8월에 분양 예정인데 일반 분양가를 얼마나 책정하느냐가 추후 성남 구도심 재개발·재건축 사업의 사업성을 결정하기에 가장 큰 관심 사항이다. 현재 1,640만 원, 1,768만 원, 1,872만 원 등 3가지 안이 있으나 중간인 1,768만 원 안이 가장 유력하다고 한다. 위례신도시 아파트 중 성남 구도심과 가장 가까운 힐스테이트위례의 실거래 가격이 3.3㎡당 2,500만 원을 넘으니 추가 상승 여력도 충분하다는 판단이다.

성남 구도심 정비사업의 특징은 재건축과 함께 재개발사업도 활발히 진행된다는 점이다. 당초 성남시는 수정구에 12곳, 중원구에 15곳을 재개발 구역으로 설정하고 2020년 사업 완료를 목표로 진행해왔다. 하지만 7년 만에 사업이 가시화된 곳은 중원구의 '금광1, 중1, 중

3' 구역과 수정구 '신흥2,단대' 구역 등 7곳이다. 이들 구역은 2017년 까지 사업시행인가 단계까지 속도를 낼 것으로 전망한다. 단대구역, 중3구역 등은 이미 입주까지 마쳤다. 사업진행이 가시화된 7개 구역 중 6개 구역이 조합설립인가 준비에서 착공 단계까지 비교적 고루 분 포하고 있다. 따라서 순차적으로 재개발사업의 이슈가 부각될 가능성 이 높다.

재개발도 활발하다

재개발사업이 가시화되면서 조합원 입주권 가격도 가파르게 오르고 있다. 신흥3 재개발구역 내 조합원 지분 가격은 2016년 5월 3.3㎡당 700~800만 원 수준에서 2017년 4월 현재 1,200~1,300만 원으로 올 랐다. 주민 이주를 진행 중인 중1재개발구역에선 입주권 웃돈(프리미 엄)이 1년 전 1,000만 원 선에서 7,000만 원까지 상승했다.

원주민 이주로 전·월세 수요가 늘어나면서 주변 주택 가격도 동반 상승세다. 성남 수정구와 중원구의 부동산 가격은 최대 5,000만 원까 지 상승했다. 하지만 현재 호가는 이보다 높게 형성되어 있다. 30형 대의 가격은 3억 5,000만 원 사이에 형성되고 있지만 좋은 브랜드의 경우 4억 원을 넘어선 상태며 이미 입주한 단대동의 경우 5억 원을 훌 쩍 넘는다.

성남 재개발·재건축 사업에 투자할 때는 일반 분양물량과 용적률

〈성남 재개발 · 재건축 구역〉

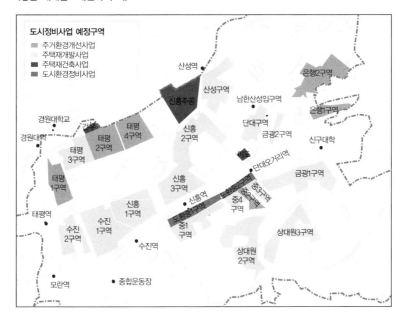

을 대표 단지와 비교하는 것이 필요하다. 신흥주공이 선두주자이니 신흥주공을 참조해서 투자하려는 아파트의 사업성을 판단해봐야 한다. 신흥주공이 용적률은 134%이고 일반 분양물량이 1,500세대 내외이며, 은행주공의 경우 용적률은 116%이나 일반 분양물량은 2,000세대에 이른다. 대지지분이 비슷하니 신흥주공보다는 은행주공아파트가 더 사업성이 좋을 것으로 예상한다. 물론 이후 사업 속도가 어떻게 될 것인지, 입주 시 부동산경기 등을 추가적으로 파악해야 할 것이다.

위례~신사선 연장도 고려해야 한다. 현재 분당선 복정역에서 선릉역 환승을 거쳐 2호선 삼성역까지는 총 9개 역 22분이 소요된다. 위례

~신사선을 이용하면 위례중앙역에서 삼성역까지 5정거장 10분이면 가능하다. 성남 구도심에서 강남으로의 접근성이 획기적으로 개선된다. 삼성물산이 사업제안을 포기하면서 표류하던 위례~신사선도 주간사가 GS건설로 변경되면서 다시 추진하고 있다. 연장선의 경우 기존의 신흥이 아닌 은행동이 혜택을 받을 것이다. 을지대~신구대~상대원공원으로 연장되지 않을까 예상된다. 새롭게 신설되는 역 주변의 재건축단지에 주목할 필요가 있다.

성남시 전체 그림을 보자

현재 성남시는 도시주거환경 재설계에 들어갔다. 구도심(중원구, 수정구)은 도시재생을 통해 활력을 불어넣고, 기존의 분당 신도시의 재건축도 밑그림을 그리고 있다. 판교신도시를 제외한 성남시 각 지역별로 단계적인 주거지 정비방안을 모색하려는 것이 이번 용역의 취지다.

이 용역에서 눈길을 끄는 점은 분당 재건축에 대한 부분이다. 성남시는 용역을 통해 분당 신도시 아파트에 적용할 정비사업 방식을 검토하고 사업성, 추정 분담금 등도 분석할 계획이다. 분당 신도시의 재건축사업을 위한 사전 정지작업의 성향이 짙다. 물론 분당신도시는 재건축 연한(30년)까지 5년 내외의 기간이 남았다. 본격적으로 재건축사업이 진행되기에는 이르지만 이미 1993년 준공된 수내동 파크타운 입주자들의 경우 리모델링 대신 재건축으로 방향을 잡고 있다. 서울

〈위례-신사선 노선도〉

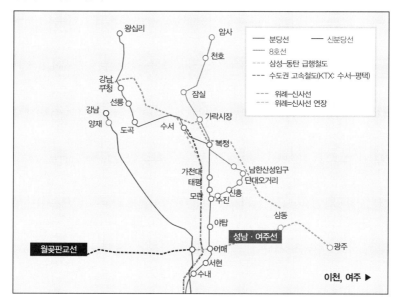

러야 한다는 말이다.

따라서 이제 분당신도시 아파트에 투자할 때는 현재 상태나 가치만을 고려하여 투자해서는 안 되며 5년 뒤 재건축이 본격적으로 시작될 것을 고려해 용적률이나 지분의 가치 등을 따지고 구입하는 것이 좋다. 물론 분당신도시 아파트의 경우 용적률이 200%가 넘는 곳이 많아 사업성은 높지 않다는 점도 반드시 고려해야 한다.

08
—
규모의 힘,
광명

2016년 경기도 과천에 이어 주택가격 상승률이 2위를 기록한 도시는 광명이다. KB국민은행의 부동산 시세에 의하면 광명시 집값은 2016년 2.93% 상승하면서 전국 평균(1.35%)보다 2배 이상 높은 상승률을 기록했다. 그동안 광명시의 주택가격 상승을 견인한 것은 광명역세권 개발과 철산주공 재건축이었다. 하지만 이제는 광명뉴타운사업에 주목해야 할 것 같다.

광명시는 서울시, 인천시, 수원시로 이루어진 수도권 삼각 핵심 도시권의 중심부에 위치하고 있어 지리적인 접근성이 탁월하다. 특히 광명역세권 개발 및 연계 교통체계 구축으로 교통인프라 접근성이 획기적으로 개선되어 수도권 서남부 지역의 교통 허브로 부상하고 있다. 2016년 4월 수원~광명 고속화도로와 연이어 7월 강남순환고속

〈2016년 광명시 동별 아파트 매매가격 상승률〉

구분	철산동	광명동	소하동	하안동
2015	10.11%	10.44%	5.87%	15.05%
2016	6.50%	9.82%	3.76%	5.75%

* 부동산114

〈광명뉴타운〉

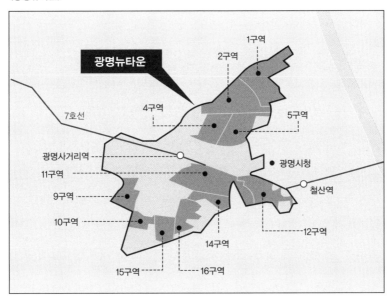

도로 1구간이 개통되어 서울로의 교통여건이 더 좋아진 점도 큰 호재
다. 이로 인해 재개발 지역 내 아파트 가격은 꾸준히 상승하고 있다.
부동산114의 자료에 의하면 2016년 광명시에서 아파트 매매가격 상
승률이 가장 높았던 곳은 재개발이 본격화된 광명동으로 9.82%나 상
승했다.

광명뉴타운 인구밀도, 가구밀도 1위

광명뉴타운은 2002년 광명시가 광명동과 철산동 일대 228만 1,110㎡를 재개발 구역으로 지정하면서 시작되었다. 오는 2020년까지 총 4만 3,000여 가구에 해당하는 기존 재개발지역을 11만 가구 규모의 대형 주거타운으로 탈바꿈하는 사업이다. 물론 완료시기는 더 연장될 가능성이 높으며, 세대수 또한 해제구역이 늘어나면서 대폭 줄었다. 광명뉴타운에는 총 23개 재개발구역이 추진되었다. 하지만 2013년 1월 5개 구역(6, 17, 18, 19, 21구역)이 해제되었고, 2015년 1월(3, 7, 8, 13, 20, 22구역)과 4월(23구역)에 7개 구역이 해제되면서 현재는 11개(1, 2, 4, 5, 9, 10, 11, 12, 14, 15, 16구역) 구역만 진행되고 있다. 이중 가장 먼저 이주를 시작한 곳은 '광명재개발 16구역'이다. 대부분의 구역이 사업시행인가를 받는 단계여서 향후 2~3년 동안은 이주가 줄을 이을 것으로 보인다. 광명뉴타운의 경쟁력은 여타 뉴타운들과 비교해보면 명확해진다. 면적은 2위, 인구밀도 1위, 가구밀도 1위, 상업지비율 1위로 대

〈경기도 뉴타운 비교〉

구분	최소	중간	최대	광명	순위
지구면적	시흥 은행(61만㎡)	부천 원미(212만㎡)	부천 소사(259만㎡)	224만㎡	2위
인구밀도	남양주 덕소(184인)	고양 능곡(368인)	광명(526인)	526인	1위
가구밀도	시흥 은행(68인)	부천 소사(127인)	광명(190인)	190인	1위
상업지비율	부천 소사(4.2%)	남양주 덕소(9.8%)	광명(13.1%)	13.1%	1위
국공유지비율	남양주 덕소(11.8%)	광명(23.6%)	시흥 은행(40%)	23.6%	8위

* 각 지자체 내부자료

부분의 지표에서 수위를 달린다.

교통접근성으로 풍선효과 혜택

광명뉴타운은 정부의 정책규제로 어부지리를 얻은 점이 크다. 강남 재건축사업을 계속 규제하자 풍선효과로 광명뉴타운에 투자자들이 몰렸다. 특히 광명뉴타운의 경우 투자금액이 1억 원대로 가능하기 때문에 소액투자자의 관심을 집중시켰다. 조합원 분양신청이 끝난 16구역의 경우 59㎡의 빌라 매매가격이 2억 원대까지 올랐지만 여전히 1억 원 대의 물건이 다수다. 조합원 분양가 대비 프리미엄도 5,000만 원이 넘어 투자자들의 순조로운 유입이 지속되고 있다.

광명뉴타운은 서울 강남 및 도심으로 모두 출퇴근하기 편리한 입지에 비해 그동안 저평가된 곳으로 여겨졌다. 따라서 가장 먼저 분양에 나설 예정인 16구역(GS·두산건설)의 흥행 여부에 따라 향후 뉴타운사업의 성패가 갈릴 것으로 보인다. 16구역의 일반 분양분이 순조롭게 분양된다면 광명뉴타운은 계속 주목받을 가능성이 크다. 16구역이 광명사거리역에 그리 가까운 위치는 아니기 때문이다. 더 알짜 구역들이 남아 있어 앞으로의 흥행이 기대된다. 광명사거리역에서 가장 가까운 11구역의 일반 분양가가 서울 평균 아파트 매매가격인 1,905만 (2016년 말 기준)원을 넘길지도 관심거리다.

광명과 외부를 연결하는 교통망만 좋아지는 것이 아니다. 광명뉴타

<**광명동 도로확장사업**>

구분	구간	거리	공사비(보상비)	완료시점
광이로 구간	광명음악사~광명초등학교	250m	300억	2019년 12월
새터로 구간	삼화연립~펠리스필1차아파트	145m	77억	2018년 6월

* 광명시

운 내에 도로와 주차장이 설치되면서 내부의 교통 인프라 또한 대대적으로 개선될 예정이다. 광명시는 기존의 광명사거리 옆 제2광명사거리 남북 측 도로망을 건설하는 광이로와 새터로 도로확장사업을 각각 2019년 말과 2018년 상반기에 마무리할 계획이다. 광이로 확장공사로 일방통행도로와 양방향도로가 교차하면서 발생하는 심한 교통체증이 해소될 예정이다. 새터로 또한 새롭게 25면의 주차장을 추가로 확보하게 된다.

새테로와 광이로 확장공사가 끝나고 뉴타운사업이 마무리되면 광명동 남북축을 관통하는 새 교통망이 마련된다. 광명동 구도심의 주거환경이 획기적으로 개선되면서 더불어 주변의 교통정체도 크게 해소될 것으로 기대된다.

입주물량 증가로 매수 · 매도 타이밍 유의해야

광명뉴타운에 좋은 소식만 있는 것은 아니다. 가장 문제가 되는 것은 이주다. 11개 구역에 달하는 광명뉴타운 사업이 순차적으로 진행되면

이주자 수만 4만 명이 넘는다. 경기도의 여타 지역이 입주물량 증가를 고민하지만, 광명동 일대는 전월세 부족현상이 심각하다. 하지만 주로 연립주택에 거주하던 기존 주민들은 비슷한 가격의 빌라로 이사를 가고 싶어도 광명동에서는 임차물건을 찾는 것이 거의 불가능하여 서울 구로구나 금천구를 알아보는데 최근 서울 집값이 많이 올라 이 또한 대안이 되기 어렵다. 광명시는 주민의 이주를 돕기 위해 광명7동 주민센터에 '현장이주상담센터'를 설치하기까지 했다. 재개발·재건축 사업의 꽃인 관리처분계획에서 신속하게 이주와 철거가 진행되어야 조합과 시공사에서 원활하게 다음 사업을 진행할 수 있으며 사업성이 확보된다.

광명뉴타운 사업으로 현재 주택재고에 비해 3배나 많은 신규 아파트들이 2020년 초부터 입주를 시작할 것이다. 2003년 이후 서울 시내 재개발사업 구역의 원주민 재정착률은 41.2%이다. 하지만 뉴타운사업의 경우 재정착률은 25.4%에 그친다. 따라서 훨씬 더 많은 입주민들이 외부에서 들어와야 한다. 광명뉴타운의 재개발사업 입주는 철산

〈광명시 주택사업 추이분석〉

사업명	대상	가구수	이주일정	입주일정
광명역세권(민영)	푸르지오, 자이, 호반, 태영	8,496	-	2017~2020
철산후발재건축1	철산 4, 7, 8	3,064	2017. 6~12	2021~2022
철산후발재건축3	철산 9, 10, 11	1,992	2018. 6~12	2022~2023
철산후발재건축2	철산 12, 13	4,686	2019. 6~12	2023~2024
광명재개발사업	광명동, 철산동일대	20,000	2018~2023	2022~2027
하안동 재건축	하안 1~14단지	21,072	2025~2028	2028~2030

재건축사업 입주 이후 곧바로 시작될 가능성이 높고, 또 다른 광명뉴
타운이라 일컬어지는 대규모의 하안동 재건축사업의 이주나 분양일
정에 맞추어질 가능성이 높다. 이로 인해 입주민(세입자) 구하기가 만
만치 않을 것이다. 광명, 소하, 철산, 하안 등 지속적으로 추진되는 정
비사업의 일정을 파악해 최적의 매수 · 매도 타이밍을 선택해야 할 것
이다.

09

부산 재개발,
서울 재개발

부산 부동산시장이 호황이다. 2006년 이후 지방 부동산시장이 거의 2배 가까운 상승을 했다면 서울은 2006년 수준을 회복한 정도다. 재개발 투자도 일반 부동산 투자와 마찬가지다. 부동산 가격이 올라가고 호황을 누리는 지역에 투자하는 것이 좋다. 아파트 매매가격을 2006년 당시와 그 10년 후인 2015년과 비교하면 이 사실은 명확하다.

부동산114의 자료에 의하면 2006년 당시 서울 아파트 매매가격은 3.3㎡당 1,721만 원으로 2015년 말 매매가격(1,758만 원/3.3㎡당)과 큰 차이가 없다. 하지만 부산의 경우 462만 원에서 836만 원으로 2배 가까이 상승했다. 따라서 재개발사업에 투자한다면 부산이 적합하다. 일반 분양분의 분양가를 높일 수 있기 때문이다. 한마디로 사업성이 나온다는 말이다.

〈부동산 대세상승기 비교〉

연도별	2006	2015
시장상황	분양물량 증가, 재건축 아파트 가격 급등	
매매가격 상승률	25.98%	5.99%
전세가격 상승률	9.88%	13.12%
전세가율	41.8%	73.3% 3.3m²
매매가격	서울 1,721만 원 부산 462만 원	서울 1,758만 원 부산 836만 원
월세 거래비중	33%(2011년)	46%(2016년 상반기)
주택담보대출금리	5~7%	2~4%
M2(광의의 통화량)	1,024조 원	2,247조 원

서울과 부산, 조합원 비중에서 차이나

이뿐만이 아니다. 부산 재개발사업과 서울 재개발사업은 새 아파트 세대수와 조합원 비율에서도 차이난다. 부산의 경우 대부분 1 : 2가 넘는다. 조합원이 1,000명이면 새로 지어지는 아파트는 2,000세대가 넘는다는 말이다. 대연2구역만 해도 조합원 1,060명에 3,149세대가 지어진다. 임대아파트를 제외하더라도 조합원 수 비중은 40% 정도 밖에 되지 않아 꽤 높은 수익을 얻을 수 있다. 하지만 서울의 경우 이 비율이 반대인 경우가 많다.

1,500세대가 건설되면 1,000명 정도가 조합원이고 임대주택을 포함하더라도 일반 분양물량이 500세대가 되지 않는다. 서울의 재개발 구역의 경우 차량이 다닐 수 있는 도로가 있고 대부분 3층 내외의 다세대, 연립으로 구성되어 있다. 꾸불꾸불한 산복도로에 다닥다닥 단

독주택이 모여 있는 부산과는 다른 상황이다.

구역에 따라 다르겠지만 분양이 지연될 경우 조합원의 추가 부담금이 발생한다. 부산의 경우 이제까지 재개발 구역에서 조합원의 추가 부담금이 발생한 곳이 거의 없었다. 하지만 서울은 이미 몇몇 군데에서 억대가 넘는 부담금이 발생해 시공사와 갈등을 겪는 경우가 많다.

서울은 분양가격도 높아

아파트 분양가격 책정에서도 조금 다른 형태를 보인다. 부산은 주변 아파트 가격(2016년 1,104만 원)보다 재개발 아파트의 가격(1,086만 원)을 조금이라도 더 낮게 책정하는데 반해 서울은 주변 아파트의 가격과 동일하거나 신축 아파트의 프리미엄을 포함하여 분양가를 높게 책정하는 경우가 많다. 물론 향후 아파트 가격 상승을 예상하고 분양가를 높인다면 할 말은 없으나 투자자 입장에서는 수익성이 떨어질게 확실하다.

〈분양 형태별 3.3㎡당 분양가 비교〉

연도별	재개발 · 재건축 일반 분양가		전체 아파트 분양가	
	서울	부산	서울	부산
2015	2,087만 원	1,091만 원	1,946만 원	1,232만 원
2016	2,180만 원	1,086만 원	2,147만 원	1,104만 원

* 부동산114

향후 서울 부동산시장이 지방 부동산시장보다 좋아질 것이라는 의견이 많지만 재개발 투자에 있어서는 더 많은 조건을 파악해야 한다. 투자의 기본은 수익성인데 이는 들어가는 금액과 비교해 나오는 금액이 얼마가 되느냐. 서울은 들어가는 돈은 많지만 나오는 금액이 적을 수 있고, 부산은 나오는 금액이 적더라도 들어가는 돈이 적기 때문에 수익률은 더 높을 수 있다.

10
—

해운대,
기다리지 못한 자의 슬픔

부산시 주택시장은 2015년 들어서부터 아파트 분양권 거래가 아파트 매매거래에 육박하는 것으로 나타나고 있다. 한국은행에 따르면 2015년 부산지역 주택분양시장 평균 청약 경쟁률은 2014년(21 : 1)보다 크게 높아진 79.57 대 1로 3배 이상 높아진 것으로 나타났으며 2010∼2013년 연평균 수준(7.4 : 1)의 8.3배에 이른다. 2016년에는 거의 3자리 수에 육박하는 99.27 대 1을 기록하였다. 이러한 청약 경쟁

〈연도별 청약경쟁률〉

구분	2013	2014	2015	2016
전국	2.85	6.71	11.54	14.35
부산	5.92	21.04	79.57	99.27

* 금융결제원

률은 같은 기간 전국 평균에 비해서도 가장 높은 것으로 부산시 주택시장이 전국에서 가장 활황이었음을 보여준다.

다양한 호재로 부산 주택시장 호황

이처럼 부산지역 주택시장이 분양시장을 중심으로 호황을 보인 데는 '주택매입 금융부담 완화', '정부의 부동산 활성화 대책', '생활여건 개선에 따른 외지인 수요증가', '주택노후화에 따른 신규주택 선호 및 재개발 기대', '주택가격 안정에 따른 투자수요 확대' 등의 요인들이 복합적으로 작용한 것으로 보인다. 특히 11·3부동산대책의 전매제한 규제에서도 비껴나 수도권 투자자들의 풍선효과를 만끽하고 있다.

그 밖에도 부산 지역 내 북항 재개발, 동부산 관광단지, 국제산업물류단지 등의 개발사업이 진척됨으로 생활 인프라가 빠르게 개선되고 도시 브랜드 가치도 높아짐에 따라 외지인의 부산 지역 주택수요가 점차 증가하고 있었던 것으로 판단된다.

한편, 부산 지역 내 각종 개발사업의 진척과 함께 대규모의 토지보상금이 지급되었는데, 2017년에도 부산센텀2지구 도시첨단산업단지(8,000억 원)와 부산진해경제자유구역 명지지구 예비지역 등이다. 이러한 대규모의 금액이 부동산시장에 유입되어 부산 지역 주택시장 경기에 영향을 미친 것으로 보인다.

부산 해운대라는 독점의 가치 높아

하지만 부산 지역 부동산시장을 이끌어가는 동부산 지역의 경우 독점이 부동산 가격상승에 가장 중요한 요소랄 수 있다. 여전히 좌충우돌하며 전 세계를 쥐락펴락하고 있는 미국의 트럼프 대통령은 부동산 재벌이다. 트럼프의 부동산 투자원칙 중 하나는 독점이 가능한 위치에 부동산을 대량으로 구입하는 것이다. 대표적인 지역이 뉴욕 맨해턴이다. 더 이상 개발을 할 수 없고 토지의 공급이 불가능한 지역을 선점하는 것이다.

동부산은 전 세계에서도 손꼽히는 해운대라는 거대한 해변을 끼고 있는 지역이다. 바다를 볼 수 있는 천혜의 조망권을 바탕으로 부산의 부동산시장은 성장하고 있다. 재개발·재건축 시장에서도 마찬가지다. 2016년 부산에서 재개발·재건축 아파트의 가격 상승률이 가장 높았던 3개 지역은 해운대구, 수영구, 남구다. 이 3개 구 모두 바다를 접하고 있다. 2016년 가장 많이 오른 재건축 아파트 또한 해운대구, 남구에 모여 있다. 해운대구에 있는 재송동 삼익아파트의 경우 매매가격 상승률이 무려 47.7%에 이른다.

〈2016년 부산 재건축 아파트 상승률 상위지역〉

구분	해운대구	수영구	남구	동래구	북구
상승률	27.88%	27.24%	20.18%	17.36	16.28%

* 부동산114

K씨는 평범한 대한민국 50대의 샐러리맨이다. 직장생활을 하지만 부동산 투자에 관심이 많아 발품도 많이 팔고 공부도 열심히 하면서 수익률도 꽤 괜찮았다. 특히 재개발·재건축 투자를 많이 하고 관심이 많다. 2014년 부산의 주택시장 경기가 좋으니 더욱더 적극적으로 매수하였다. 부산의 유망한 개발 지역은 자금이 모자라면 공동투자를 해서라도 매수하는 편이다. K씨는 2014년 4월 해운대 우3재개발 구역의 대지 62평, 건물 42평 단층주택을 전세 6,500만 원을 승계하는 조건으로 매수했다. 당시 매수가격은 2억 5,000만 원이었다. 부산 해운대의 랜드마크가 될 수도 있는 이 구역의 가격이 이렇게 싸다는 게 좀 의아하게 느낄 수 있지만 사연이 있다. 당시 2013년 12월 우3재개발구역의 조합설립이 무산되었기 때문이다.

조합설립 무산이 투자 기회가 될 수도

반면 K씨와 같은 직장동료 L씨는 조합설립이 무산되기 전 2013년 9월에 매수했다. 대지 44평 건물 42평 2층 주택을 보증금 2,000만 원에 월세 50만 원인 물건을 2억 3,000만 원에 매수했다. L씨가 매수 후 가격은 조금씩 오르면서 사업진행도 잘 되어가는 듯 했지만 조합설립이 무산되고 말았다. 조합설립이 무산되자 이미 매수한 L씨는 사업에 대한 불신이 생기면서 불안하고 갈등이 생기기 시작했다. 반면 K씨는 조합설립 무산으로 인한 가격하락이 기회라고 생각하고 매수한 것이다. K씨는 우3재개발구역이 해운대 바다조망과 장산의 좋은 입지를 자랑하는 곳이라서 다시 조합이 설립될 거라는 확신을 가졌고 바로 실행에 옮긴 것이다. 조합설립이 무산될 당시 분위기는 사실 갈등을 겪을 수밖에 없을 정도로 어수선했다. L씨는 어수선한 분위기를 이겨 내지 못하고 매도를 결심하였지만 가격이 낮아져 매수 당시 시세도 받기 어려워졌다. 그래서 더 불안해졌고 매수 당시 가격만 받아도 팔고 싶은 생각에 사로 잡혀 결국 매수 당시의 실비 가격으로 매도했다. 수익은 없고 마음 고생만하고 매도했지만 스트레스 안 받으니 속은 시원했다고 한다.

그런데 채 2년도 안 된 지금 상황은 어떤가? 조합도 다시 설립되었고 시공사 선정까지 완료했으며 사업시행인가를 앞두고 있다. 주택 시세는 3.3㎡당 1,200만 원에서 1,600만 원 내외 정도다. L씨가 우3구역을 K씨보다 먼저 매수했지만 재개발구역 특성상 사업진행 과정에서 크고 작은 문제들이 발생하는데 그 상황을 어떻게 판단하느냐에 따라 결과는 많이 다르다. K씨는 웃고 L씨는 우는 결과가 나타난 것이다. 부동산 투자는 쉽고도 어렵다. 특히 재개발·재건축 투자는 일반 물건의 투자와는 조금 다르다. 현재 있는 건물이 철거되고 새로운 아파트가 들어서는 과정이 복잡하게 느껴질 수도 있다. 하지만 입시제도가 바뀌어도 공부를 잘하는 학생이 좋은 대학을 가듯 결국 부동산도 입지 좋은 곳의 성공 확률이 높다. 앞의 사례는 좋은 입지라면 투자해서 믿음을 갖고 기다리면 결국에는 성공한다는 것을 단적으로 보여 준다.

천혜의 자원을 가진 부산이지만 부동산시장은 경기변화에 따라 부침을 거듭할 것이다. 하지만 고령화와 웰빙 시대를 맞아 해운대라는 거대한 해변을 가진 부산 부동산의 가치는 계속 올라갈 것이다.

11

부산에는 광안리 해수욕장도 있다

광안리 해수욕장 인근에 자리 잡은 남천동 삼익비치아파트는 1980년 1월에 33개동 3,060세대가 입주했다. 지금은 노후화되고 해운대가 뜨기 시작하면서 입주민들이 해운대로 많이 옮겨갔지만 1980년대와 1990년대에는 부산에서 손꼽히는 부촌이었다.

남천비치아파트는 광안대교와 광안리 해수욕장 옆에 위치해 아름다운 광안리 해변을 한 눈에 담을 수 있는 바다 조망권을 가지고 있다. 부산 2호선 금련산역이 도보 5분 거리에 있는 역세권역이며, 경부고속도로를 잇는 도시고속도로와 원동 IC, 남해 제2고속도로, 중앙고속도로를 통해 시외 이동이 편리한 교통 인프라를 가지고 있다. 매년 수많은 국내외 관광객이 몰려들고, 도보로 회 타운의 먹거리를 즐길 수 있으며, 해마다 열리는 불꽃축제와 떠오르는 해를 보며 해변에서 아침 산보를 즐길 수 있는 천혜의 입지를 자랑하는 탁월한 미래가치가 있는 곳이다. 재건축이 완료되면 공원과 경관녹지, 문화시설 등이 조성되고 주변 간선도로와 외곽도로를 넓혀 주민들이 광안리 해변을 생활권에서 즐기는 친환경적이고 공공성이 확보된 명품 주거단지로 거듭날 전망이다. 남천비치아파트 재건축은 해운대의 엘시티 더샵(101층), 아이에스동서의 W아파트에 이어 초고층(40~61층) 3,200여 가구 12개 동이 들어설 예정이어서 부산 최고의 전망을 자랑하는 아파트의 명성을 이어갈 것으로 보인다.

남천삼익비치, 시공사 선정으로 순항

부산에서 공사 중이거나 완공한 초고층 건축물(50층 이상 또는 높이 200m 이상)은 모두 39개 동으로 전국에서 가장 많다. 공사 중인 50층 이상 건축물 22개 중 부산 지역 건물이 10개에 달한다. 해운대에서 마린시티, 광안리까지 해안가를 따라 고층 고급아파트들이 홍콩이나 상하이에 필적하는 세계적인 마천루 경관을 만들고 있다.

남천삼익비치는 2016년 7월 조합설립인가를 받았지만 우여곡절이 많았다. 2005년 추진위원회가 구성된 지 11년 만에 조합설립인가를 받았다.

2005년 추진위가 발족되었지만 정비구역 지정이 늦어지면서 사업 진행이 지지부진했다. 그 이후에는 조합 내부 갈등과 주택경기 침체

등의 악재가 겹치면서 난항을 겪었다. 하지만 주택경기가 살아나고 도시및주거환경정비법이 개정되면서 여건이 나아졌고, 조합설립인가를 받으면서 사업이 본 궤도에 오르게 되었다.

또한 남천삼익비치 아파트는 2005년 '삼익비치 301동 리모델링조합' 설립인가가 있었다. 301동 주민들이 301동을 리모델링하겠다고 조합을 설립하였다. 그런데 리모델링 사업을 위한 소송에서 재판부는 전체 아파트 주민 4분의 3 이상으로부터 동의를 구하지 못하면 아파트 단지 내 일부만 리모델링할 수는 없다는 판결이 나왔다. 재판부는 판결문에서 '아파트 전체 소유자의 공용부분인 조경시설과 인도 가운데 177㎡를 건축면적에 편입시켜 301동 주민들이 독점적, 배타적으로 점유토록 하는 것은 공유물의 변경'이라며 전체 주민의 4분의 3 이상의 동의가 필요하다는 이유로 원고의 청구를 기각했다.

리모델링 사업에 차질이 생기자 2009년 2월 301동 리모델링조합 총회에서 소유주 과반수 이상 찬성으로 리모델링 추진반대를 결의했다. 그 후 실체가 없는 휴면조합으로 방치됐지만 서류상으로는 여전히 존재하고 있어 새로운 조합을 설립할 때 이 법적인 문제를 해결하는 과정이 있었다.

남천삼익비치 재건축은 2016년 7월 크고 작은 문제를 해결하고 조합설립인가를 받게 된 것이다. 그동안 고통의 시간을 많이 보낸 만큼 조합은 사업의 박차를 가하여 12월 시공사를 선정했다. 설명회는 현대산업개발과 GS건설이 하였으나 GS건설이 시공사로 선정되었다. 조합은 조합설립인가를 계기로 사업이 계획대로 진행될 경우 2017년 사업시행인가와 분양까지 나설 수 있을 것으로 보고 있다.

지금도 투자의 초기단계

은행원인 Y씨는 2010년 부동산학과 석사과정을 다니면서 부동산 투자에 관심이 많았다. 바다를 좋아하는 Y씨는 평소에 남천삼익비치에 관심이 많았는데, 재건축의 소식이 들려오자 더욱더 관심이 쏠려 이사를 해서 살다가 재건축이 되면 새로운 아파트에서 계속 살고 싶어서 시세를 알아보니 112.4㎡(34평형)이 3억 4,000만 원 정도였다. 2005년 추진위원회가 구성되고도 사업에 진척이 없고 2008년 서브프라임 사태로 주택경기가 악화되고 301동의 리모델링조합 등 많은 문제가 겹쳐져 있는 상황이었다. 주택경기가 침체되어 있는 상황이라서 Y씨는 왠지 진행이 더딜 것 같은데도 불구하고 가격은 비싸다는 생각이 들었다. 그래서 남천삼익비치 매수를 포기하고 해운대 신도시에 이사를 갔다. 그 후 남천삼익비치는 사업이 제대로 진척되지 않자 매수하지 않길 잘했다고 생각했다.

그러나 2016년 조합이 설립되고 메이저급의 시공사(GS건설)가 선정되어 사업이 잘 진행될 것 같고 전국적인 관심이 쏠리자 미련을 버릴 수 없어서 매수하기로 결심했다. Y씨는 2017년 4월에 112.4㎡(34평형)를 6억 4,000만 원에 매수 계약을 하였다. 현재 살고 있는 해운대 신도시는 주변 생활 인프라가 좋아 생활이 편리하고 직주거리도 짧아 따로 이사를 갈 생각은 없기에 보증부 월세를 놓기로 했다. 계약 후 보증금 1000만 원에 월세 70만 원으로 부동산에 부탁해놓은 상태다. Y씨는 생각해보면 2010년보다 3억 원이 더 올라서 아쉽지만 남천삼익비치의 미래가치를 보면 새로 지어진 아파트 34평형을 받을 경우 지금 매수해도 일반 분양 3.3㎡당 3,000만 원 내외로 분양가를 예상해보니 일반 분양받은 것을 프리미엄을 주고 매수하는 것보다 1~2억 원정도 싸다는 판단이 들어 과감하게 매수했다. Y씨의 꿈은 퇴직 후 일정 정도의 연금과 높은 미래가치가 있는 남천삼익비치 아파트를 역모기지로 노후생활을 영위하고, 더불어 좋아하는 바다의 전망을 집에서 남편과 즐기며 행복하게 사는 것이라고 한다.

12
—
제주는
계속 뜨겁다

제주는 지난 3년 동안 아파트 매매가격 상승률 1위, 토지가격 상승률 1위였다.

제주 지역은 2013년 이후 부동산가격 상승세가 커지면서 여타 지역과 격차가 크게 벌어졌다. 2014년과 2015년 아파트 매매가격 상승률은 각각 17.86%, 10.15%였다. 당시 전국 평균 아파트 매매가격 상승률이 3.31%와 6.09%였으니 놀라운 상승률이었다. 2016년 들어 상승세가 주춤하지만 이는 부동산투자이민제도 변경 연장과 중국인들의 투자지역 다변화 때문이다. 그동안의 급등세에 대한 피로감도 작용한 듯 보인다.

2016년 경매 매각가율 123.4%로 2015년(135.2%)에 비해서는 낮지만 낙찰가액이 감정가액을 훌쩍 넘었다. 2016년 전국 경매 매각가율

〈아파트 매매가격 상승률〉

연도별	전국	제주	서울
2014	3.31%	17.86%	2.43%
2015	6.09%	10.15%	6.23%
2016	4.34%	2.78%	7.65%

* 부동산114

평균이 76.2%에 그친 점을 감안하면 무섭다는 표현이 적절할 듯하다. 지가지수 상승률 또한 엄청났다. 2015년 제주의 땅값은 7.6% 상승하여 전국 최고의 상승률을 기록했다.

제주, 재건축 연한은 20년
- -

제주 부동산시장을 언급할 때 간과하는 부분이 재건축이다. 제주에 재건축사업이 있을까라고 생각하는 사람들이 많다. 하지만 지금 제주 부동산시장에서 가장 뜨거운 이슈는 재건축이다. 제주에서 재건축사업이 이뤄지고 있는 공동주택은 도남주공연립과 이도주공 1단지와 2·3단지, 노형 국민연립, 연동 고려·대지연립 등 5곳에 이른다. 하지만 시행준비 중인 단지도 제원아파트를 포함해 인제아파트, 영산홍아파트(이도2동), 유나이티드아파트 등 3~4곳으로 파악된다.

2016년 기준으로 제주시 지역에서 20년 이상, 20세대 이상의 공동주택은 모두 361곳, 4만 5,662세대다. 이 가운데 재건축 대상건축물은 1995년 이전에 준공한 곳으로 162곳 1만 4,594세대다. 이들 공동

주택의 재건축 추진 방향이 제주 지역 아파트 시장에, 나아가 제주 지역 전체 부동산시장에 상당한 영향을 미칠 것으로 보인다.

제주의 재건축사업은 여타 지역과는 다른 특징을 보인다. 제주의 인구밀도는 1㎢당 300명 내외다. 인구밀도가 3,000~4,000명이 넘어가는 광역시나 1만 6,000명이 넘는 서울에 비하면 1인당 사용할 수 있는 면적이 엄청나게 넓다.* 하지만 여기에는 함정이 있다. 제주도는 대부분이 개발제한구역이라 실제로 활용(개발)할 수 있는 면적이 별로 없다. 기존에 지어진 오래된 주택들을 헐고 다시 지어야만 한다. 제주 지역 재건축사업이 주목받는 이유다.

제주도의 재건축연한은 20년이다. 일반 지역의 재건축연한이 30년인 걸 고려하면 상당한 파급효과가 예상되는 대목이다.** 최근 재건축연한이 40년에서 30년으로 10년 줄어들면서 재건축시장이 활성화된 사례는 참고할 만하다. 제주시가 2015년 발표한 통계에 의하면 1994년 이전에 지어진 주택의 비중은 53%다. 보통의 도시들이 20~30% 내외인 것을 감안하면 오래된 주택이 많다. 특히 주택수요자들이 선호하는 아파트의 건립은 더욱 심각하다. 2011년부터 2016

● 2016년 9월 통계청에서 발표한 자료에 의하면 우리나라에서 인구밀도가 가장 높은 곳은 서울이며 1㎢당 1만 6,363명이다. 가장 낮은 곳은 강원도로 1㎢당 90명이다. 서울 다음으로는 부산(4,480명/㎢), 광주(2,999명/㎢), 대구(2,791명/㎢), 인천(2,755명/㎢)이며, 낮은 순으로는 강원 다음으로 경북(141명/㎢), 전남(146명/㎢), 경남(316명/㎢), 제주(328명/㎢)다.

●● 재건축 연한은 준공 후 20년 이상의 범위에서 지자체 조례로 규정하고 있다. 전북, 강원, 제주 등은 20년이다. 과거에는 지자체별로 최대 20년 차이가 났으나 재건축 연한을 30년으로 단축하게 됨에 따라 10년으로 줄어들었다.

〈제주 아파트 공급 추이〉 (단위 : 세대)

지역	2011	2012	2013	2014	2015	2016	합계
제주도	2,166	717	2,873	2,159	2,501	2,753	13,169
서귀포시	122	81	263	870	1,291	2,097	4,724
제주시	2,044	636	2,610	1,289	1,210	656	8,445

* 부동산114

년 사이에 공급된 아파트는 1만 3,169세대에 불과하다. 제주 부동산 시장의 호황은 늘어나는 수요를 충족시킬 수 있는 공급의 절대량이 부족하기 때문으로 보인다.

외지인 투자비중도 높아

외지인 투자가 많은 것 또한 제주 부동산시장의 특징이다. 사실 제주 도는 특별자치도로 지정되고 중국인의 투자가 늘어나면서 주목받았 다. 섬이라는 제한된 공간을 가진 제주도는 내부수요(제주특별자치도민) 로만 부동산시장이 활성화되기에는 한계가 있다. 외부수요 특히 서울 의 투자자들의 관심을 유도하는 것이 필요하다. 2016년 경기도와 인 천시를 제외하고 서울 투자자들의 참여가 가장 많았던 지자체는 제주 다. 서울 투자자의 꾸준한 증가는 기존의 대체(신규) 수요와 함께 재건 축시장을 이끄는 주요 원동력이 될 것이다.

지역	전국	경기도	인천광역시	제주도	강원도	충청북도	세종특별시
합계	1,134,747건	309,070건	65,922건	8,155건	44,576건	34,528건	19,433건
관할시도 외_서울	68,945건	47,911건	5,560건	511건	2,616건	1,691건	918건
비중	6.1%	15.5%	8.4%	6.3%	5.9%	4.9%	4.7%

* 국토부

제주 인구유입 증가로 전망 밝아

제주 지역 재건축시장의 미래를 긍정적으로 보는 가장 큰 이유는 급격히 늘어나는 인구다. 물론 인구 증감은 모든 부동산시장을 움직이는 변수지만 재건축사업에서도 필수적으로 살펴봐야 한다. 제주지역의 인구는 지역경제 호조, 정책적 유인(기업유치, 혁신도시, 해군기지, 국제학교) 등으로 2010년 순유입으로 전환한 후 유입 인구의 규모가 점차 확대되고 있다. 순유입의 규모는 2010년 400명 선에서 2015년에는 1만 4,000명으로 늘었으며, 2016년 1분기 중에는 전년 같은 기간 대비로 무려 38%(4,183명)나 증가했다. 9월 현재까지 1만 1,752명이 순유입되었다. 규모면에서 경기와 세종시를 제외하면 제주도보다도 순유입 인구규모가 더 큰 곳이 없다. 현재와 같은 유입 규모는 2017년을 정점으로 점차 둔화되겠지만● 인구가 감소하는 여타

● 한국은행의 발표자료에 의하면 2016년 이후 2019년까지 연평균 2.6%의 인구증가를 예상함.

<2016년 월별 주요지역 순유입 인구 규모> (단위 : 명)

지역별	1월	2월	3월	4월	5월	6월	7월	8월	9월	합계
세종	4,363	4,506	3,155	1,814	2,278	2,159	1,591	2,179	1,426	23,471
경기	9,190	9,794	9,264	7,554	10,377	10,215	13,224	15,118	11,058	95,794
제주	856	1,738	1,589	1,609	1,458	1,197	1,329	1,127	849	11,752

* 통계청

지자체에 비하면 인구과밀과 주거 인프라 부족을 걱정하는 행복한 고민일 것이다.

제주 재건축시장에는 긍정적인 요인만 있는 것은 아니다. 제주특별 자치도에 재건축자문위원회가 구성된 것은 양면적이다. 재건축자문 위원회 구성은 재건축의 체계적인 정책관리와 건축방향의 결정을 자 문하는 역할도 하지만 궁극적으로는 무분별한 재건축 신청을 막는 것 이 목적이다. 자문위 구성이 발표된 2016년 2월 즈음은 재건축사업 신청이 급증한 시점이었다. 제주시 관계자마저 '재건축 신청에 대한 현지조사를 통해 무분별한 재건축 안전진단을 지양할 것'이라며 '전 문가들의 자문을 통해 노후공동주택에 대한 재건축, 리모델링, 유지 보수 등 어떤 방향으로 나가야 할지 결정할 것'이라고 규정했다. 결정 하는 기구가 하나 더 생겼으니 예전보다는 재건축사업이 어려워질 것 으로 예상된다.

재건축자문위원회, 고도제한 등 극복해야

제주에는 높은 건물이 거의 없다. 이는 고도제한 때문인데, 특히 항공 고도제한까지 적용된다. 고도제한은 용도지역에 적용된 용적률을 다 확보하지 못해 심각한 사업성 저하를 초래한다. 최근 제주특별자치도는 이에 대한 문제를 인식하고 읍면지역과 원도심 활성화를 위해 건축물 고도기준을 전면적으로 재검토하고 있다. 이미 2013년 '건축물 고도관리 기본계획'을 만들어 논의가 이루어졌으며 최근에는 재건축 사업이 추진되고 있는 아파트 단지를 중심으로 이를 부각시키고 있다. 하지만 오랜 논의에도 불구하고 큰 성과는 없다. 따라서 고도제한 완화를 고려하는 투자는 좋은 선택이 아닐 수 있다.

제주의 재건축 아파트들이 많이 올랐지만 전국적인 돌풍에 비하면 큰 수준은 아니다. 사실 그동안 제주는 아파트 등 주거용보다는 토지에 대한 수요가 더 컸다. 하지만 최근에는 토지 수요가 주춤하면서 토지가격도 안정화되는 모습이다. 2016년 2월 토지투기수요 억제를 위해 '토지분할제한책'을 내놨으며, 매년 9월 1일 1년 동안 취득한 농지 등에 대한 전수조사를 단계적으로 실시해 투자를 위한 불법행위를 근절하기로 했기 때문이다. 따라서 당분간 토지시장은 안정되고 주택시장이 활황일 것으로 예상하는 전문가들이 많다. 특히 8·2부동산대책을 포함한 문재인정부의 부동산대책들을 피해간 사항도 무시 못 할 변수다.

무상지분율과 비례율

무상지분율이란 지상 건축물의 가치 차이를 고려하지 않은 재건축사업을 대지지분 비율로만 접근한 단순한 개념으로, 재건축사업을 통하여 생긴 사업이익(개발이익)을 평단가로 나누어 환산된 무상 지분 면적(개발이익면적)을 다시 총대지 면적으로 나누어 백분율로 표시한 수치를 말한다.

$$무상지분율 = \frac{개발이익평수}{대지면적} \times 100$$

조합원이 무상으로 입주할 수 있는 평형을 자신이 가지고 있는 대지지분으로 나누게 되면 무상지분율이 계산된다. 이를 추가부담금과 관련하여 표현하면 자신이 가지고 있는 대지지분에 무상지분율을 곱하면 추가부담금 없이 입주할 수 있는 평형이 나온다.

예를 들어 무상지분율이 150%로 결정되었다면 대지지분이 20평인 조합원이 재건축 후 30평의 아파트를 추가부담금 없이 받을 수 있다.

무상지분율은 아파트 브랜드, 시공능력과 함께 시공사 선정에서 가장 중요한 요소다.

또한 재건축투자 시 대지지분이 중요한데, 대지지분의 크기가 향후 시공사가 제시하는 무상지분율의 가장 중요한 결정요소로, 대지지분이 재건축 아파트의 가치를 결정한다. 대지지분은 단지 내 대지면적을 전체 세대수 아파트 면적을 고려해 나눈 대지의 몫이다. 아파트 대지 면적이 넓고 세대수가 적으며 건축면적이 좁을수록 대지지분은 늘어나게 된다. 재건축 아파트의 시세 또한 대지 지분을 중심으로 형성되는 것이 일반적이다. 용적률이 낮을수록 대지지분은 높아진다. 용적률이 낮은 5층 정도의 주공아파트 등이 대지지분이 높고 조합원들의 수익도 높다. 재건축 구역에서 좋은 물건을 고르기 위해서는 반드시 대지지분을 따져봐야 한다. 인근 아파트와 같은 평형, 같은 가격대라도 대지지분을 파악해서 같은 조건이라면 대지지분이 높은 것을 매수하는 게 좋다. 따라서 일반적으로 용적률이 높으면 아파트를 고층으로 건설할 수 있다. 그래서 고층아파트보다 저층아파트가 대지지분이 높은 편이다. 이처럼 대지지분과 무상지분율에 따라 아파트 추가분담금이나 청산금이 정해지므로 재건축 아파트에 투자할 경우 제일 먼저 알아봐야 한다. 대지지분은 각 세대의 등기부등본을 통해서 파악할 수 있다.

비례율이란 개발이익률이라고도 말한다. 비례율은 재개발사업이 끝난 후 조합이 벌어들일 총 수입금에서 사업비를 뺀 금액을 구역 내 토지 및 건물 감정평가액으로 나눈 금액을 말한다.

$$비례율 = \frac{(총분양수입 - 총사업비)}{총종전평가액} \times 100$$

총수입은 총분양수입으로 일반 분양가 총액, 조합원 분양가 총액 등으로 산정되며, 총지출은 사업비로 공사비, 철거비, 보상비, 조합운영비, 이자 등으로 구성된다. 여기서 비례율은 권리가액을 산정하는 데 중요하다. 권리가액은 감정가에서 비례율을 곱한 금액인데 권리가액은 조합원의 실제 자산 가치를 나타내고, 추가분담금을 산정할 때 지표가 된다. 비례율이 높으면 조합원 권리가액도 높아지고 조합원 권리가액이 높으면 추가분담금이 줄어들기 때문에 비례율이 낮으면 사업성이 낮고 높으면 사업성이 좋다고 평가한다. 추가분담금은 조합원 분양가에서 권리가액을 뺀 금액이고 조합원이 입주 시 또는 중도금 납입 때 부담해야 할 금액이다. 정확한 비례율은 보통 재개발/재건축 막바지 단계인 관리처분인가 때 정확하게 알 수 있다. 일반 분양가가 높아지면 미분양이 생기는 등 예상치 못한 위험부담이 생길 수 있으나, 일반적으로 비례율은 높아지고, 일반 분양가 낮아지면 비례율은 하락한다. 조합원의 실제 자산 가치를 나타내는 권리가는 감정가와 비례율에 의해 결정되므로 투자 시 비례율을 꼭 챙겨봐야 한다.

3장

어떻게
투자해야 하는가?

01

왕초보, 부동산 투자 정글에서 살아남기

과거에 집착하면 괴롭고 미래에 집착하면 두렵다. 그러나 인간은 과거에 집착하게 되고 미래를 걱정한다. 현실에 충실해야만 행복할 수 있다는 이론은 알고 있지만 실상은 과거와 미래에 많이 집착한다. 부동산투자도 마찬가지다. 투자를 해서 돈을 벌고 싶지만 과거의 가격을 생각하면 멈칫 한다. "옛날에는 그 가격에도 안 샀는데 지금 이렇게 오른 가격에 어떻게 사겠는가?" 하고 망설인다.

사실 투자에 대한 확신을 갖기란 쉬운 일은 아니다. 하지만 두려움을 버리고 확신을 갖는 방법도 있다. 지금까지의 경험한 바에 의하면 투자에 성공하기 위해서는 다음의 4가지가 가장 기본적인 조건이다. 초보 투자자든 화려한 경력을 가진 투자자든 모든 부동산투자자들은 언제나 명심해야 하는 사항이다.

투자에 확신을 갖는 것이 중요

첫째, 지나친 욕심을 버려야 한다. 은행금리보다 2배 이상 순수익이 난다면 괜찮은 투자로 봐야 한다. 2016년 말을 기준으로 한다면 3%대의 투자수익이다. 그런데 부동산 투자는 '대박이 나야 한다'고 생각하기 때문에 투자가 어렵고 잘못된 투자나 사기에 휘말리곤 한다. 수익률이 높으면 위험도 높다. 투자의 세계에서 이 말보다 더 중요한 격언을 떠올리기 힘들다. 여유자금이 전혀 없고 집 한 채만 있을 때, 은행에 집을 담보로 대출을 받아 이자보다 2배의 수익을 올린다면 이자를 갚고도 돈을 벌 수 있지 않은가? 부동산은 시간과의 싸움이다. 이렇게 시작해서 투자경험을 쌓고 차차 투자규모와 횟수를 늘려간다면 어느새 고수가 되어 있을 것이다.

둘째, 인간관계를 잘해야 한다. 세상에 널려 있는 것이 정보다. 그러나 핵심 정보는 잘 노출되지 않는다. 이런 정보가 가장 중요한데 이는 사람을 통해서만 얻을 수 있다. 나는 강의시간에 학생들에게 부자가 되고 싶으면 밥을 많이 사라고 한다. 돈은 사람이 벌어주기 때문이다. 주변에 좋은 사람이 많으면 자기도 모르게 좋은 사람이 되어 있듯이 주변에 부자가 많으면 자기도 어느새 부자가 되어 있을 것이다. 부

〈연도별 예금금리〉

구분	2010	2011	2012	2013	2014	2015	2016
예금금리	3.19%	3.69%	3.43%	2.73%	2.43%	1.74%	1.56%

* 예금은행 수신금리 평균

자들은 항상 정보를 캐러 다니고 재산관리를 하면서 인생도 즐겁게 살기 때문에 바쁘다. 그래서 부자가 되려면 부자들에게 밥을 사면서 그들의 노하우를 배워야 한다. 그 속에 길이 있다. 서울의 강남에 거주하는 사람들의 혜택은 비단 강남의 인프라만이 아니다. 강남에 기를 쓰고 거주하려는 이유는 부자들 틈에서 부자의 행동과 생각을 배울 수 있기 때문이다.

셋째, 부동산 소장과 친하게 지내라. 부동산 사무실을 잘 활용하면 그곳은 보물창고와도 같다. 그러나 좋은 물건을 구입하기는 쉽지 않다. 좋은 물건이 많지도 않지만 처음 오는 손님에게 덥석 내어주지 않기 때문이다. 그래서 발품을 많이 팔아도 물건 구하기가 어려운 것이다. 손님이 바라보는 좋은 부동산과 부동산 사무실이 바라보는 좋은 손님은 동상이몽일 수 있다. 손님은 친절하고 자기 말을 잘 들어주며 좋은 물건을 권유하는 부동산을 좋아한다. 그럼 부동산은 어떤 손님에게 좋은 물건을 내놓을까? 평소에 친하게 지내는 손님이다. 서로 신뢰관계가 형성되어 있는 손님에게 먼저 전화를 한다. 부동산 사무실에 좋은 물건이 나오면 소장의 뇌리에 스치는 사람이 되어야 부자가 될 확률이 높은 것이다. 부동산의 가장 큰 걱정은 본인의 물건을 다른 부동산에서 거래하는 것이다. 따라서 처음 방문한 손님은 의심하게 되고, 조금이라도 신뢰가 더 가는 손님에게 연락하게 된다.

넷째, 부동산을 많이 쇼핑하라. 패션 감각이 뛰어난 사람들은 백화점이나 인터넷 쇼핑을 즐긴다. 부동산 부자가 되고 싶은 사람은 부동산 쇼핑을 많이 해야 한다. 안목을 키워야 하기 때문이다. 노력은 배신하지 않는다는 말도 있듯이 많이 보고 느껴 감각을 키워야 한다. 아는 만큼 보인다는 말이 있지만 보는 만큼 안다는 말도 있다. 부동산을 쇼핑하러 현장에 나갈 때 주변 여건이나 시세 등을 사전에 파악해야 한다. 사전에 정보를 확인하고 현장을 방문하면 더 많은 것을 볼 수 있으며 투자에 소요되는 시간을 단축할 수 있기 때문이다. 하지만 초보자의 경우에도 많이 보면 부동산에 대한 감각이 생길 수 있다. 즉 이론적인 배경이나 지식이 없어도 부동산을 많이 보면 안목을 키울 수 있다. 특히나 부동산은 지역에 한정된 상품이다. 현장을 방문하지 않고는 제대로 파악할 수 없다.

궁극적으로 본인의 실력과 판단이 중요

참으로 안타까운 일은 좋은 물건을 줘도 알아보지 못하는 사람들이 많다는 것이다. 많이 봐야 안목이 생긴다. 그래서 스스로 확신을 가지고 살 수 있을 때 진정한 고수가 되고 부자도 될 수 있다. 처음부터 고수가 될 순 없겠지만 계속 쇼핑을 열심히 하다 보면 감각이 생긴다. 부동산 감각을 키우는 가장 빠른 방법은 특정 지역이나 관심 있는 분야의 물건을 사는 것이다. 본인이 직접 구매해서 경험하는 것보다 좋은 공부는 없다. 아니면 가상의 미래 시세표를 만들어보자. 어느 시점에서 어떤 아파트를 구입했다고 가정하고 미래에 얼마만큼 수익이 나는

지 추적, 조사해보자. 그렇게 하면 부족하나마 현장의 감각을 익힐 수 있고 본인의 부족한 부분을 확인할 수도 있다.

02

초보도 성공하는
투자 비법

대한민국 투자의 대세는 부동산이다. 현재까지 부를 축적한 부자들의 투자 성향을 살펴보면 부동산을 빼고는 부자라 할 수 없을 정도로 오랜 기간 동안 부동산으로 부를 축적해왔다. 부동산은 지역에 제한되고, 움직이지 않는다는 특성 때문에 지역별, 상품별 투자전략이 달라야 한다. 투자유망상품 중 하나인 재개발·재건축에 대해서 초보자라도 절대 실패하지 않고 성공할 수 있는 비결이 따로 있다. 다음의 10가지 투자전략이 바로 그것이다.

첫째, 구역선택이 중요하다. 먼저 투자유망구역을 고른다. 투자유망구역은 주변 아파트 가격이 높고, 학군이 좋고, 대단지이며, 교통이 편리한 주거지로 사람들이 선호하는 곳이라면 충분하다. 초보 투자자가 이 정도만 분석할 수 있어도 절반은 성공이다. 구역이 정해졌다면 현장답사를 하고 중개사무소에 들러 정보를 얻어 분석한다. 답사하면서 마음에 드는 공인중개사와 친하게 지낸다. 좋은 물건이 나왔을 때 가장 먼저 떠오르는 사람이 되어야 한다.

둘째, 시공사와 조합의 의지를 확인한다. 우선 조합사무실을 방문하여 사업진행에 관한 전반적인 내용을 숙지해야 한다. 조합사무실에서 상담하는 동안 조합의 진행상황과 시공사의 의지를 엿볼 수 있다. 조합원의 동의서 징구율, 개발을 반대하는 비대위 활동상황, 시공사 입찰 경쟁 등 1군 건설업체(시공사)들이 얼마나 많은 관심을 가지는가를 보면 구역에 대한 사업성을 판단할 수 있다. 상권이 좋은 곳은 유명 프랜차이즈 점포가 많듯이 우량한 시공사들이 관심을 가졌다면 좋은 사업대상지임이 분명하다.

시공사와 조합의 의지가 중요

셋째, 물건을 잘 골라서 매수한다. 좋은 물건이란 진행단계에 따라 조금씩 차이가 난다. 사업초기단계, 즉 조합이 설립되지 않았거나 시공사가 선정되지 않았으면 위험부담을 안고 매수해야 하기 때문에 사업이 무산되어도 매도가 쉬운 물건을 골라야 한다. 재개발 구역일 경우 기반시설이 열악한 곳이기 때문에 6m 이상의 도로를 접하고 있는 물건이 제일 안전하다. 사업이 무산되어도 쉽게 팔 수 있고 손해 볼 확률이 낮기 때문이다. 정비사업 초기 단계에서의 매수는 다소 위험은 있어도 낮은 가격에 매수할 수 있다. 하지만 감정평가액에 대한 불확실성을 감수해야 한다.

이때는 감정가를 예상해서 투자해야 하는데 사람들은 대부분 다세대주택이 단독주택보다 감정가가 많이 나올 거라고 생각하고 선호한다. 같은 위치의 단독주택과 다세대주택이 있을 때, 다세대주택이 매매가가 평당 200만 원이 더 비싸더라도 사람들은 다세대주택을 선택한다. 다세대주택의 감정가가 높게 나올 거라고 예상하고 있고, 전세가율이 높아 초기투자비용도 적기 때문이다. 하지만 초기 투자금액이 적다고 전체적인 투자금액이 꼭 적은 것은 아니다. 사업시행인가 후 관리처분인가 전 구입 시 무조건 작은 물건, 다세대 등을 찾지 말고 선호도가 약간 낮은 주택과 토지를 적정가격에 매수하는 것도 좋은 물건을 고르는 방법이다.

재개발·재건축구역의 사업시행인가 후 감정평가 실시 기간 동안은 감정평가액에 대한 불확실성 때문에 거래가 많이 이루어지지 않는다. 이 시기의 매수는 보수적인 접근이 필요하다. 낮게 평가될 감정평가액에 대비해 매도자도 비싼 가격에 물건을 내놓기 때문이다. 가격은 어느 정도 상승해 있고 감정가액는 알 수 없으니 적정매수가격을 판단하기 어려운 시기다. 그렇다고 해서 관리처분 후 매수한다면 매수가가 높아서 수익이 낮다. 재개발·재건축 매수 적정 타이밍은 여러 번 있지만 리스크와 수익을 고려해 본인의 투자 성향에 맞는 적정 시기에 투자를 해야 한다. 매수·매도 타이밍을 잡지 못해 끝까지 투자물건을 보유하는 것은 지양해야 한다. 매수·매도 적정 타이밍은

구분	2014년 12월	2015년 12월	2016년 12월
연립다세대	64.1%	66.3%	66.7%
단독주택	43.1%	47.9%	48.2%

* 한국감정원

항상 있기 마련이며, 재개발·재건축 물건은 내, 외부 여건에 따라 계속적으로 등락을 거듭한다는 것을 명심해야 한다.

적정 시기와 감정가 판단이 중요

넷째, 입주권(조합원 분양받을 권리)이 있는지 확인한다. 입주권이 없는 물건이 간혹 있다. 재건축은 다주택 조합원에게 입주권이 3개까지 주어지기도 하지만 재개발은 한 세대에 입주권 1개가 주어진다. 재개발은 동일 구역 내에 세대당 2개 이상 물건을 소유하더라도 입주권은 1개만 주어진다. K씨는 재개발 구역의 원룸을 매입했다. 다세대였지만 한 소유자가 여러 채를 소유하고 있는 입주권 없는 물건을 사게 된 것이다. 매수 1년 후 그 사실을 알게 되었고 매도할 수도 없고 청산받거나 입주권 있는 물건을 매수해 두 물건을 합하여 매도하는 방법을 고려하고 있는데 현재 K씨는 청산받기는 억울하고 입주권 있는 물건을 매수할 여유자금이 없어 고민 중이다. K씨처럼 입주권 없는 물건을 매수하게 되면 돈과 시간은 물론이고 정신적인 피해까지 입게 된다.

이같이 입주권 없는 물건은 당연히 청산대상이니 주의해야 한다. 또한 청산금을 받으려면 이주 시까지 기다려야 한다.

다섯째, 조합원 분양평형신청 여부를 확인한다. 일반적으로 분양평형신청은 감정가 공개 후 관리처분총회 이전에 한다. 재개발구역에서 신청기간 내에 분양평형신청을 하지 않은 조합원은 청산대상이다. 청산대상자는 감정가에 청산해야 하므로 이런 물건을 프리미엄을 주고 사면 프리미엄만큼 손실을 감수해야 한다.

여섯째, 무허가주택과 관리처분인가 이후 주택 매수 시 취득세는 주택이 아니라 나대지로 적용받아 4.6%를 납부한다. 관리처분인가 후 이주한 주택은 나대지의 세율을 적용하여 취득세가 무허가, 유허가 모두 같지만 관리처분 전에는 무허가주택과 허가주택으로 나누어 과세하므로 취득세를 간과해서는 안 된다.

조합원 자격과 세금 파악은 필수

일곱째, 재개발은 조합설립 시 동의하지 않아도 조합원 자격을 유지하지만 재건축은 조합설립 시 동의하지 않으면 조합원 자격이 상실되고, 청산대상이 된다. 재건축구역 투자는 매도자의 조합설립 시 동의 여부를 잘 확인해봐야 한다.

여덟째, 관리처분인가 후 매수 시 감정평가액과 매매가의 차이, 즉 프리미엄이 적정한지 잘 파악해야 한다. 프리미엄이 높은 물건을 잘

못 고르면 일반 분양 후 일반 분양가에 프리미엄을 더하여 매수하는 것보다 비싸게 매수할 수 있다. 관리처분인가 후 높은 취득세와 프리미엄을 지불하고 매수할 경우 조합원 입주권 투자금액이 분양권 투자금액보다 클 수 있기 때문에 이자와 기회비용까지 따지면 일반 분양권 매수와 수익에 큰 차이가 없는 경우가 있다. 프리미엄과 조합원 분양가, 추가분담금, 일반 분양가, 권리가, 비례율, 조합원의 혜택, 중도금 조건 등을 잘 살펴봐야 한다.

아홉째, 양도세를 잘 따져본다. 1세대 1주택자가 재개발 구역의 주택을 구입하면 2주택자가 된다. 이미 2주택 이상을 소유하고 있는 세대라면(일시적 2주택 적용 배제) 양도세 과세조건이 별 차이가 없지만 비과세 요건을 갖춘 1세대 1주택자라면 비과세를 받을 수 있으므로 중요하다. 1세대 1주택자가 관리처분 전 재개발·재건축 주택을 매수하면 1세대 2주택이 된다. 개발구역 물건 구입 후 3년 내 비과세 요건을 갖춘 기존주택을 양도하면 일시적 2주택 적용 비과세를 받을 수 있고 그 외는 양도세 과세대상이다. 그런데 관리처분 후에 입주권을 취득하여 일정요건을 갖추게 되면 2채 모두 비과세를 받을 수 있다. 새로운 아파트 완공 전후 2년 이내 종전주택을 양도하고, 완공 후 2년 이내 세대원 전원이 이사하여 1년 이상 거주하면 된다. 이때 기존주택이 2년 이상 보유(일부 규제지역 2년 거주) 9억 원 이하의 비과세요건이 갖추어져 있어야 한다. 기존주택 매도 후 한 채 남은 새 아파트는 2년 이상 보유하면 1세대 1주택자로 비과세를 받을 수 있다.

열째, 무상지분율과 비례율을 알아야 한다. 재개발구역의 비례율이란 사업 후 총사업수입에 총사업비용은 뺀 금액을 종전 토지 및 건축물 총 평가액으로 나눈 비율이고 재건축구역의 무상지분율은 개발이익을 평당 분양가로 나누어 환산된 무상지분면적을 다시 총대지면적으로 나눈 비율이다. 무상지분율과 비례율이 높은 구역이 대부분 수익이 높고 조합원에게 추가분담금 부담이 적다.

재개발 · 재건축 수익 높으나 따져볼 것 많아

재개발 · 재건축투자는 쉽고도 어렵다. 사업이 잘 진행되다가 복병이 나타날 수도 있고 물건 자체의 하자도 있을 수 있다. 하지만 분양권을 사거나 기존 아파트를 사는 것보다는 높은 수익을 올릴 수 있는 장점이 있다. 초보자라도 앞의 10가지만 잘 파악하여 투자한다면 성공적인 성과를 거두어 부자의 길로 가는 초석을 마련할 수 있을 것이다. KB금융지주경영연구소에 의하면 금융자산 10억 원 이상을 보유한 한국의 부자들은 51.4%의 부동산자산을 보유하고 있다. 하지만 총자산의 규모가 100억 원 이상 되는 부자들의 경우 이 비중은 60.7%로 증가한다. 즉 총자산의 규모가 클수록 부동산 비중이 높은 반면 금융자산 비중이 상대적으로 낮은 형태를 보인다.[●] 왜 총자산

● KB금융지주경영연구소, 《2016년 한국부자보고서》, 2016. 7

구분	50억 원 미만	50~100억 원	100억 원 이상
부동산자산 비중	48.6%	54.5%	60.7%
금융자산 비중	45.9%	40.7%	36.4%

* KB금융지주 경영연구소(2016년7월)

규모가 더 큰 부자들의 부동산 투자비중이 더욱 높은지를 생각해볼 필요가 있다.

03

재건축 투자도
입지가 우선이다

재건축 아파트 투자가 대세다. 서울에서 분양하는 아파트들의 대부분이 재건축사업을 통해서 이루어지니 투자자 입장에서는 대안이 없는 측면도 있다. 가장 단순한 재건축 아파트 투자는 일반 분양분을 매입하는 것이다. 재건축 아파트의 일반 분양분을 매입하는 투자전략이 다소 진부하게 보일 수도 있지만 좋은 지역을 선택하고 적절한 시기에 매수한다면 이 또한 성공할 수 있는 좋은 방안이다. 최근 서울 도심의 재개발·재건축 아파트를 매수하여 안정적인 수익을 확보한 분들이 꽤 많다.

좋은 지역의 재건축 아파트를 매수한 경우 경기 변화에도 느긋하다. 2017년 상반기 부동산시장의 관망세가 짙어져 매도 타이밍을 이때로 선택한 투자자들은 초조하다. 물건은 팔리지 않는데 가격을 낮추기는 그렇고 진퇴양난이다. 허나 좋은 지역의 재건축 아파트를 매입한 투자자의 경우 굳이 경기가 좋지 않을 때 매도할 이유가 없다. 지금과 같은 경제적, 정치적 혼돈기를 지나서 제값을 받을 수 있을 때 매도하는 것이 가장 바람직하기 때문이다. 좋은 지역의 경우 일시적으로 가격이 조정을 받을 수는 있지만 장기적으로는 상승한다. 따라서 경기가 좋을 때 매도하면 큰 문제가 없다.

좋은 물건은 무리하게 팔 필요가 없다

재건축 아파트 투자도 도심과 소형이라는 큰 틀에서 이루어지는 것이 바람직하다. 가장 먼저 그리고 중요하게 고려되어야 할 점은 '도심'의 재개발·재건축 아파트를 구입하는 것이다. 도심이라고 하면 굉장히 넓은 지역을 의미하지만 종로구, 서대문구, 마포구 등 중심업무지역(CBD : Central Business District)과 가까운 곳을 지칭한다. 최근 서울 강북의 재건축 아파트는 대부분 이 지역에서 공급되었다. 이편한세상신촌으로 대표되는 북아현뉴타운, 마포래미안푸르지오의 아현뉴타운, 경희궁자이의 돈의문뉴타운이 대표 지역의 대표 아파트들이다.

부동산시장에서 '직주근접' 보다 더 강력한 투자 조언은 없다. 주택시장에서 직군(職群)의 영향력은 상당하다. 내 집 마련 조건에서 직주근접이 중요시되면서 주택 구매 여력이 높은 전문직, 연구직, 대기업 직장인 등이 많은 업무밀집지역의 주거가치는 계속 올라갈 수밖에 없다. 직장에서 퇴근 후 여유로운 시간을 보내려는 라이프스타일의 변화가 직장과 주거지가 가까운 직주근접을 더욱 가속화시키고 있다. 2013년 갤럽이 조사한 자료에 의하면 통근시간이 길어질수록 불필요한 걱정이 늘어나고 업무효율이 낮아지는 등 행복감은 반비례한다고 한다. 2016년 OECD의 자료를 보면 우리나라의 평균 편도 통근시간은 58분으로 회원국 전체 평균인 28분에 비해 2배가 넘는 시간을 출퇴근에 허비하고 있는 것으로 나타났다. 직주근접이 주거문화의 대세로 떠오르면서 통근시간과 근무시간이 여타 선진국에 비해 긴 우리나라의 경우 업무밀집지역을 고려한 투자는 필수적이다.

중심업무지역을 일컫는 도심을 부동산업계에서는 대기업이나 보험회사 본사들이 다수 입지한 중구나 종로구를 중심으로 한 CBD와 금융업종을 중심으로 동여의도와 서여의도로 구분하는 YBD(Yeoido Business District), 그리고 정보통신업, 제조업 등이 주로 위치한 강남권역인 GBD(Gangnam Business District)로 나뉜다. 이외 지역은 통상적으로 기타 권역으로 분류한다.

도심을 기준으로 본다면 신규아파트 공급이 거의 없었던 여의도나 투자하기에 부담이 큰 강남을 제외하고 CBD라 일컬어지는 종로구가

〈중심업무지역 분류〉

구분	CBD	GBD	YBD
지역	중구, 종로구	강남	여의도(마포)
업종	대기업, 보험사	정보통신, 제조	금융사

* KB금융지주 경영연구소(2016년7월)

주목을 받을 수밖에 없었다. 특히 CBD 지역은 재개발·재건축으로 인해 기존의 허름한 단독, 다세대, 아파트들이 신규 아파트로 탈바꿈하면서 가격 상승을 선도하게 되었다.

재건축 아파트, 소형과 도심에 집중해야

소형 또한 무시 못 할 변수다. 재건축사업 추진할 때 '소형평형의무비율'을 지켜야 한다. 이것은 5층 저밀도아파트에서 통상적으로 채택하는데 전체 가구에서 전용면적 85㎡ 이하를 60% 이상 지어야 한다. 개포지구의 경우 소형의 비율을 70%까지 늘리기도 했다. 저밀도 아파트는 원래 소형이므로 큰 문제가 없으나 중층 중대형 재건축사업은 골치가 아파진다. 소형평형을 60% 짓게 되면 조합원은 현재 살고 있는 면적을 줄여야 할 수도 있다. 재건축사업 자체가 난관에 빠지게 된다. 이때 기존 전용면적 범위 내에서 2채를 받는 '1+1'이 해답이 될 수 있다. 1채는 전용면적 60㎡ 이하를 선택해야 하고 준공 후 3년 동안 팔 수 없지만 현재와 같이 소형이 인기 있는 때에는 오히려 재건축사업을 촉진시킬 수 있다. 대형아파트의 가치가 예전만 못하고 가구원 수 감소 등으로 오히려 평형을 줄이려는 다운사이징의 욕구가 크기 때문이다. 물론 은퇴(예정) 계층이 자녀에게 증여하거나 월세를 받는 수익형 부동산으로 활용하려는 의도와도 맞아 떨어진다.

　S씨는 평소에 재테크에 관심은 많으나 복잡한 것은 싫어하는 안정

지향형 투자자다. 재개발 지분투자나 재건축사업의 진행단계 등은 너무 복잡해 이해하기 힘들어했다. S씨에게 물건을 설명하는 공인중개사도 힘들긴 마찬가지였다. 이해가 되지 않으니 설명한 내용을 또 묻고 물어 상담 진행이 어려웠다. 다행히 2015년 초 일반 분양이 막 끝난 경희궁자이의 전용면적 59㎡ 조합원 물건이 나와 적극 권했다. 당시 가격은 6억 5,000만 원에 초기 투자자금이 3억 원이 좀 넘었다. 조합원 물건은 일반 분양분과 다르게 감정가에 프리미엄을 일시에 지급해야 하기 때문에 초기 투자자금이 많이 소요된다.

S씨는 거금이 소요되지만 그래도 입지를 믿어보기로 했다. 보유 현금 2억 원과 1억 원이 넘는 잔금은 대출로 충당하여 매수했다. 기대가 현실로 돌아온 것은 2년이 채 되지 않은 후였다. 2016년 하반기 공인중개사가 전화를 걸어 8억 5,000만 원에 손님이 있으니 매도할 생각이 없느냐고 물었다. 생각보다 높은 가격에 깜짝 놀랐지만 차분히 생각해보니 계속 보유하면서 오히려 월세를 받는 것도 괜찮다는 생각이 들었다. 대단지이고 강북지역의 랜드마크가 될 가능성이 높아 월세와 함께 추가적인 시세차익도 기대되기 때문이다.

늦게 투자했지만 수익 높아

물론 S씨가 경희궁자이를 매입한 시기도 적절했지만 당시에 다른 지역을 매입했다면 1년 6개월 후 2억 원의 시세차익은 힘들었을 것이다. 투자자금이 많이 들었지만 현재 보증금 1억 원에 150만 원의 월세를 받고 있어 아주 만족하고 있다. 이제 60줄에 들어서는 S씨는 다른 부동산은 다 정리하더라도 경희궁자이만은 꼭 보유하고자 한다. 언론과 방송에서도 연일 도심의 소형아파트가 인기라는 기사가 보도되기 때문이다. 특히 최근에 입주한 신규아파트가 주변에 거의 없어 임차인 수준 또한 높다. 법무법인에 근무하는 변호사와 임대차 계약을 맺었기 때문에 공실에 대한 걱정 또한 없다.

재개발·재건축 아파트에 대한 투자는 여러 문제를 고려해야 한다. 따라서 일반 아파트 투자에 비해서는 어렵다는 인식이 많다. 하지만 조합원 물건이든 일반 분양분이든 좋은 상품을 적절한 타이밍에 매수한다면 아주 초기에 들어간 투자자들에 비해서는 수익률이 떨어지겠지만 그래도 안정적이고 높은 수익을 확보할 수 있다. 재개발·재건축투자도 부동산 투자의 본질에 충실하는 것이 바람직할 것이다. 본질은 도심, 소형 그리고 신규 아파트다.

04

이사만 잘해도
대박 난다

부동산 투자를 잘해서 부자가 되고 싶은 사람은 많다. 하지만 막연히 어렵다고 느껴서, 종잣돈이 없어서 시도조차도 하지 못하는 안타까운 사람들도 많다. 그렇다고 가만히 앉아 '한국의 부동산 가격은 거품이다'라며 신문이나 언론매체 등에서 하는 말들만 믿고 집값이 떨어지기를 기다리고 있는 것이 과연 정답일까?

지금 우리는 저성장, 고령화, 저금리 시대에 살고 있다. 그런데 우리나라 아파트의 매매가와 전세가는 계속 오르고 있다. 매매가와 전세가의 상승 원인 중의 하나가 바로 저금리다. 저금리로 인해 전세보증금의 수익률이 하락하여 임대인이 전세를 월세로 전환하거나 보증부월세로 바꾸고 있다. 한국감정원에 따르면 2011년 33%였던 월세 비중이 지속적으로 상승해 2017년 1월엔 46.6%로 뛰었다. 조만간

〈지역별 전세가구 비중 변화〉 (단위 : %)

구분	전국	서울	부산	대구	인천	광주	대전	울산
2014	19.6	32.1	14.6	17.7	23.3	13.7	15.2	16.7
2006	22.4	33.2	22.1	21.1	21.4	21.5	23.1	17.5
변화폭	-2.8	-1.1	-7.5	-3.4	1.9	-7.8	-7.9	-0.8

* 국토부

50%를 넘길 것으로 예상된다. 임대인 입장에서는 금리가 낮아지면 전세보다 월세가 수익면에서 유리하기 때문에 전세를 월세로 돌리려고 한다. 그 결과 전세물량의 감소로 전세가격이 상승한다. 실제로 전국의 전세가구 비중은 2006년 22.4%에서 2014년 19.6%로 떨어졌다. 전국에서 매매가격 상승률이 가장 높은 제주의 경우 전세가구의 비중이 단지 4.6%에 불과하다. 그 많던 전세는 다 어디로 갔을까? 전세가격 상승을 견디다 못해 월세로 전환했거나 가격상승에 기대어 늦게라도 매매대열에 합류했을 것이다.

전세 가구는 손해 볼 수도

이처럼 주택의 전세가와 매매가가 오르는 시점에 전세를 살고 있다면 상대적으로 손해를 보게 된다. 계속 오르는 전세값을 마련하는 것도 힘들지만 주택 소유자들은 집값 상승으로 자본이 늘어나는 반면 전세 사는 사람들은 자본 수익을 누리지 못하기 때문이다. 전세는 사용가치만 있는 상품이라 교환가치에 기반한 자본수익은 없기 때문이다.

부동산 투자로 부자가 되고 싶은데 종잣돈은 없고 집 한 채가 전 재산인 사람이나 전세금이 전 재산인 사람에게도 좋은 방법이 있다. 이른바 인생의 출구전략이다. 이사를 하는 것이다. 어디로? 이사만 잘해도 부자가 될 수 있다고? 이사 한번으로 당장 부자가 될 수는 없겠지만 부자가 되는 초석이 될 수 있다. 바로 재개발·재건축 구역으로 이사를 하는 것이다. 현재 살고 있는 집이나 전세가격과 비슷한 규모의 주택을 구해서 무리하지 않고 이사할 수 있다. 좀 더 욕심을 낸다면 은행대출을 이용해서 현재 살고 있는 집보다 더 좋은 환경을 마련할 수도 있다. 투자를 하고 싶지만 종잣돈이 없다면 투자금이 필요 없는 투자를 할 수 있는 방법이다. 재개발·재건축 구역으로의 이사를 결정하였다면 집을 고를 때 혹시라도 무산될 개발의 리스크를 위한 대비책을 마련해두어야 한다. 개인차가 있겠지만 개발이 잘 진행되지 않더라도 계속 살고 싶은 집을 고른다면 혹시나 있을 리스크를 줄일 수 있다. 개발이 잘 되면 계속 오르는 집값으로 인해 즐겁고 새 아파트 입주 희망도 더불어 생긴다. 또한 입지가 좋은 지역을 고른다면 개발로 인한 가격 상승의 효과는 톡톡히 보면서도 리스크는 낮다.

다세대주택으로 이사하며 성공투자

부산에 사는 L씨는 동래구 온천4재개발 구역의 좋은 입지는 개발이 잘 될 거라 생각했고, 개발이 당장 되지 않더라도 언제든지 1군 업체가 탐낼만한 입지이기 때문에 리스크는 적다고 판단하고 이사를 하기로 했다. 온천4구역의 경우 인근에 금정산의 아름다운 자연환경이 마치 금강산의 모습을 보는 거와 같다고 하여 금강공원이라 붙여진 면적 1,556.87㎡의 공원이 있다. 또한 L씨 주택 100m 내 부산의 명소 온천장의 온천수가 나오는 목욕탕들이 즐비하게 있어 금강공원 산책 후 온천수에 발을 담그거나 목욕을 할 수 있는 곳이 도보 10분 이내에 있다. 1호선의 전철역세권이면서 주변 인프라가 아주 좋은 곳이기 때문에 노후생활을 하기에도 적합하다고 판단했다. L씨가 매수한 다세대주택은 202㎡(61평형)으로 20년 되었고, 주거전용면적이 145㎡ 이상이므로 85㎡(34평형)한 채와 59㎡(24평형) 1채를 받을 수 있는 조건이다. 소위 말하는 1+1 재개발 · 재건축이다. '1+1 재개발 · 재건축'은 조합원이 큰 평형 한 가구 대신, 선호도가 갈수록 높아지는 중소형 2가구를 받을 수 있다. 2012년 2월에 처음 도입된 이 제도는 1가구 1주택 공급을 원칙으로 하는 기존과 달리 정비사업의 원활한 추진을 지원하기 위해 예외규정을 둔 것이다. 2가구를 분양받으면 한 가구는 전용면적 60㎡ 이하로 하도록 했다. 소형아파트를 월세 놓을 수 있어 고령화시대에 제대로 된 투자가 될 수 있다.

2014년 8월 당시 온천4구역의 개발 진행단계는 조합설립인가 후 시공사 선정 전 단계였다. 시공사가 선정되지도 않았기 때문에 가격이 높지 않았다. L씨는 평수가 큰 주택을 처음부터 살 생각은 없었는데 공인중개사가 평수가 넓어 인기가 없어서 가격이 싸다며 귀띔해주었다. 집을 보러 갔을 때 왜 인기가 없었는지 L씨는 알게 됐다. 제일 꼭대기

〈1+1 재개발·재건축 공급 범위〉

구분	공급범위
가격의 범위	• 종전가격이 분양주택 2주택의 범위가 넘어야 함 　예) 33평-3억 원, 25평(60㎡) 2억 원이라는 가정 • 종전평가금액이 5억 원 이상이 되어야 2주택 분양이 가능함
주거 전용 면적의 범위	• 주택 소유의 경우 – 주거전용면적이 2주택 분양의 주거전용면적의 범위를 　넘어야 분양 가능함(상가X, 근생의 경우 상가 제외한 주택부분만 적용) 　예) 기존주택 주거전용면적 145㎡ 경우 • 33평(85㎡) + 25평(60㎡) = 145㎡, 2주택을 분양 받을 수 있음

※ 가격의 범위 또는 종전 주택의 주거전용면적의 범위에서 2주택을 공급할 수 있고, 이 중 1주택은 주거전용면적을 60㎡ 이하로 한다. 60㎡ 이하로 공급받은 1주택은 이전고시일 다음 날부터 3년이 지나기 전에는 주택을 전매하거나 일선할 수 없다(상속 제외).

층인 5층에, 엘리베이터가 없고, 전(前) 전세인이 집을 험하게 사용해서 집이 너무 낡았으며 구조도 미로 같았다. L씨는 좋은 가격으로 조금은 마음이 흔들렸지만 물건이 마음에 쏙 들지 않아 그냥 집으로 돌아갔다. 며칠 후, 부동산에서 다시 연락이 왔다. 다른 사람이 매수하려고 하다 가격조절 과정에서 깨졌다며 조절된 가격에 매수하라고 권유하였다. L씨는 다시 생각해보니 엘리베이터가 없는 5층은 불편하지만 평소 운동을 즐겨하는 터라 운동이라 생각하면 되고, 낡은 부분은 수리를 하면 된다는 생각에 매수하기로 결심했다. 매수 가격은 2억 5,000만 원이다. 구입 후 수리비는 1,200만 원이 들어갔다. L씨는 살고 있는 집을 처분하고 비슷한 가격에 이사를 했다. 현금투자는 따로 하지 않았다. 이사가 곧 투자인 셈이었다.

2016년 8월 현재 시세는 4억 3,000만 원이다. 1세대 1주택이므로 비과세혜택도 받을 수 있다. 온천4구역의 사업진행과정은 현재 사업시행인가 후 감정평가 실시 중이다. L씨의 경우 부대비용을 제외하고도 2년 만에 투자금을 투입하지 않고 이사만 했을 뿐인데 예상 수익금은 1억 8,000만 원이다. 여기서 일반 분양이 시작되면 가격은 더 오를 것이다. L씨는 2채를 분양받아 한 채는 본인이 거주하고 한 채는 월세를 받아 노후 준비를 할 생각이다. L씨는 입지 좋은 곳이라 현재 살기도 좋고, 가격도 많이 올랐고, 미로 같은 구조도 사생활 보호가 잘되어 아주 만족하고 있다.

학군과 투자 모두 잡을 수 있는 개포동

2012년 서울 노원구 상계동에 사는 직장인 C씨는 1997년에 준공한 430여 세대 중층아파트 45평형에 살고 있었다. 15년 된 아파트이지만 집 내부도 넓고 중학생 아들이 있어 단지 옆 중학교 통학하기가 편리하고, 직장도 가까워서 생활에 불편함은 없었다. C씨는 아들의 학군과 부동산 투자수익 2마리의 토끼를 잡을 수 있는 강남으로 이사를 가고 싶었지만 사정이 여의치 않았다. 하지만 계속 관심을 가지면서 지내오다가 2012년 서울 아파트 가격이 대부분 정체되어 있거나 급매도 간혹 나오기 시작하자 C씨는 평소에 관심이 있었던 개포주공 1단지 15평형(전용 50.3㎡)을 7억 5,000만 원에 매수했다. 개포주공 1단지는 2003년 조합설립인가를 받고 재건축 사업을 진행하고 있었다. 아들의 반대도 있었고, 상계동의 넓은 집과 내부는 개포주공과는 비교도 안

되지만 올 수리를 하여 살기로 하고 이사했다. 이사 후 여러 가지 불편함을 잘 참고 적응해준 가족들에게 감사하는 마음과 함께 가격상승에 대한 행복감도 같이 느낀다고 한다.

45평형 아파트에서 15평형 아파트로 옮겨서 생활한다는 것은 현실적으로 많은 어려움이 있다. 아이가 1명이기 때문에 이사 결심이 좀 쉬웠다고 한다. 강남으로 이사를 간다고 아들이 좋은 대학을 가고 돈을 벌 수 있는 것도 아니지만 직장인인 C씨는 노후에 대한 불안감이 이사 후 불편함보다 더 비중이 컸다고 한다. C씨는 과감한 결정을 하여 2012년 상계동의 아파트를 5억 원대에 매도하고, 은행 대출을 받아 개포주공을 7억 5,000만 원에 매수하였기에 이자를 부담하느라 그동안 빠듯한 생활에 저축도 못하고 상계동 아파트보다 많이 좁아 불편하게 살았다.

하지만 보람은 있었다. 2012년에 매도했던 상계동 아파트는 2017년 4월 현재 시세는 5억 4,000만 원 정도 한다. C씨가 매도할 당시와 가격을 비교하면 3,000만 원 정도 차이가 난다. 그에 비해 C씨가 2012년에 매수한 개포주공1단지 15평형(전용 50.3㎡)아파트는 2017년 4월 현재 84㎡(전용면적) 새 아파트 평형배정을 받았고, 관리처분 총회를 앞두고 있는 현재 시세는 12억 원 정도 된다. C씨는 분담금 2,800만 원 정도 내면 새로운 아파트에 입주 가능하다. '세상에 공짜는 없다'라는 말이 생각난다. C씨는 그동안 개포주공 재건축사업을 기다려오면서 마음 졸이고 넓은 집에서 좁은 집으로 이사 와서 은행대출 이자를 갚느라 경제적으로 힘든 과정을 겪은 대가를 받은 것이다. 34평형을 배정받은 C씨는 이주하여 잠시 다른 곳에 거주하다 2021년 새 아파트로 다시 입주할 계획이라고 한다. 새 아파트에 입주하게 되면 개포주공이 아닌 미래가치가 아주 뛰어난 강남 최고의 입지와 규모를 자랑하는 아파트에 살 수 있게 될 것이다.

05

이주, 성공의
또 다른 기회

관리처분계획이란 재개발·재건축 등의 정비사업 지역에 조성된 대지와 기존 건축물의 처분 및 관리에 관한 계획이다. 즉, 종전의 토지나 건축물에 대한 소유권 및 그 외의 권리(지상권, 전세권 등)를 정비사업으로 새롭게 조성되는 토지와 건축물에 대한 권리로 변환시켜 배분하는 것이다. 관리처분계획에서는 재건축된 건물에 대한 조합원별 지분 비율과 부담금, 정산 받을 금액 등을 정한다. 이와 같은 내용으로 관리처분계획 총회를 통과하게 되면 행정기관으로부터 인가를 받게 되는데 인가를 득한 후 드디어 이주가 시작된다.

이주비는 투자의 레버리지

이주는 조합원과 가족구성원들, 지역주민 등 주변 지역의 크고 작은 변화를 가져오는 아주 중요하고도 복잡한 일이다. 이주를 한다는 것은 정비사업의 진행이 순조롭게 잘 진행되고 있다는 의미이기도 하다. 물론 이주를 하고도 해제되는 조합도 간혹 있지만 대부분은 이주까지 진행되면 입주까지 무난하게 사업이 진행된다고 본다. 이 시기엔 재개발 · 재건축구역에 투자자들이 더 많은 관심을 보인다. 관망하고 위험을 고려했던 투자자들도 이제 안심하고 투자를 하려고 한다. 투자에 대한 위험이 많이 줄어들고 이주 시에 지급되는 이주비를 레버리지로 활용할 수 있기 때문에 투자금액이 이주 전보다 적게 들어간다. 이주비는 조합마다 다르지만 일반적으로 감정가의 30∼60% 정도 한다. 이때 취득세 세율 적용이 주택에서 토지로 변경되는 것에 유의해야 한다. 관리처분 전의 주택은 취득세를 주택세율에 적용하지만 관리처분인가 후부터는 주택을 주택으로 보지 않기 때문에 토지 취득세 세율을 적용한다. 이는 입주 시 이전 등기하기 전까지 적용되며 금액에 상당한 차이가 나기 때문에 관리처분인가 후 입주 시까지 매입할 때 고려해야 할 사항이다.

　관리처분인가 후 조합원의 이주가 시작되는데 조합원의 가구수와 구역에 따라 차이는 있지만 조합원의 이주 세대가 많은 경우 인근 지역의 주택 수급의 혼란을 가져오기도 한다. 1,000세대 이상의 원주민이 이주를 할 경우 대부분은 지역을 벗어나려 하지 않기 때문에 인근

지역으로 이주하기를 원한다. 하지만 이주기간이 통상적으로 6개월 내외로 한정되어 있기 때문에 이주기간 동안 인근지역은 극심한 주택 수급난을 겪는다. 재개발·재건축 조합원은 이주 시에 이주비로 감정 가의 30~60% 정도를 무이자 대출로 지급받은 후 입주 시에 대출금 을 상환하고 입주한다. 조합원은 이주가 시작되면서 원래 소유하던 집의 30~60% 정도의 대출(이주비 무이자 대출)을 받아 이사해야 하므로 미래의 새 아파트 입주에 대한 희망은 있지만 자금이 넉넉하지 않을 때 이주에 많은 어려움을 겪게 된다.

이주 시 재개발로 인한 피해자가 속출하는 안타까운 경우도 많이 볼 수 있다. 예를 들면 20평 정도의 대지에 15평 정도의 아담한 집에 아무 걱정 없이 살던 노인이 재개발로 인한 이주를 해야 할 경우 이주 비를 5,000만 원 내외로 받는다고 가정하면, 노인은 그 돈으로 갈 수 있는 곳이 없다. 재개발만 안 되었다면 죽을 때까지 살려고 했는데 '이놈의 재개발 때문에 내 명에 못 살겠다'고 힘들어하시는 노인들을 볼 때, 밝음과 어두움이 공존하는 하나의 사회현상을 보면서 안타까 울 때도 많다.

이주 단계에 역발상 투자도 필요

또한 부동산 투자 측면에서 볼 때 재개발·재건축 구역의 이주를 역 발상해볼 수 있다. 조합원의 이주로 인한 인근의 주택 소유자는 또 다른 기회를 갖는 것이다. 평소에 악조건으로 인해 잘 팔리지 않았던 부동산도 이 시기에는 팔 수 있는 기회가 오고 단기간의 이주 수요 폭발로 인해 주택가격이 국지적으로 급격히 상승하여 시세보다 높게 매도할 수 있다. 더불어 원룸과 빌라, 오피스텔 등을 건축하여 분양하는 건축업자는 이주시기에 맞추어 완공하면 분양이 잘 되기 때문에 자금 회수의 속도도 빠를 뿐더러 높은 수익을 올릴 수 있고, 부동산 투자 측면에서도 틈새시장이 될 수 있다. 이렇듯 인근 지역의 정비사업이 잘 진행될 경우 주변 지역에 크고 작은 시너지 효과가 많이 발생한다. 이주할 시기를 잘 활용하여 투자하는 준비된 자는 좋은 기회를 잡을 수 있다.

반면 재개발·재건축 조합원은 이주에 대한 대책 없이 갑자기 이주시기를 맞이하게 되면 어려움을 겪게 된다. 정비사업이 잘 진행됨에 따라 조합원은 미래의 새 아파트에 대한 희망도 있지만, 개발을 위한 이주는 피할 수 없는 복잡하고도 큰일이다. 이사를 해야 한다는 것은 아이들의 학군문제, 직장인들의 통근문제, 주부와 노인들의 환경변화 등 개인과 가족의 크고 작은 변화를 가져오는 중요한 일이다. 제일 큰 문제는 인근 지역 주택의 수요 폭발로 집을 구하기가 어렵고 가격도 시세보다 높아 평소에 계획했던 대로 움직일 수 없게 될 경우가 허다하다. 필자가 생각하는 현명한 해결방법 중의 하나는 관리처분 1~2년 전쯤 인근 지역에 집을 사서 전, 월세를 놓고 계약기간을 이주시기로 맞춘 후 이주가 시작되면 이주하는 것이다. 그 시기는 가격도 적당하고 원하는 조건(학군, 직주거리, 환경)을 충족할 수 있는 확률도 높다.

이주 1~2년 전에 마련해놓은 집이 이주시기가 되면 이주 수요로 인한 가격 상승의 효과를 볼 수 있고, 집단 이주로 인한 혼란에서 자유로울 수 있다.

06

레버리지를
활용하라

은행의 대출이자는 기준금리보다는 높고, 현재 물가 상승률보다는 낮은 것이 일반적이다. 2017년 7월 한국은행의 기준금리는 1.25%다. 미국이 금리를 인상한다고 해도 금리 인하와 한국적 양적완화에 대한 논란이 커 추가 인하도 기대해볼 만하다. 담보대출을 활용해서 자기자본수익률을 높일 수 있는 적당한 시기다. 다르게 표현하면 종잣돈이 적은 사람이 부자의 꿈을 실현할 좋은 기회란 말이다.

재개발 · 재건축도 레버리지 투자 가능

레버리지 효과(Leverage Effect)를 이용해 소액의 자기자본(종잣돈)을 가

지고도 매수할 수 있는 방법이 있다. 첫째, 전세금을 이용하여 집을 사는 것이다. 재개발·재건축 사업구역에 전세금을 잘 활용하면 레버리지 효과를 볼 수 있다. 물론 재건축 아파트의 전세가율(40.74%)이 높지 않아 전세금을 레버리지로 활용하면 투자금액이 일반 아파트에 비해서는 많이 든다. 하지만 전세금이 일반 아파트에 비해 낮지 않은 사업구역도 있으니 발품을 부지런히 팔아야 한다.

둘째, 은행의 담보대출을 이용하는 것이다. 투기(과열)지구가 아니라면 은행 부동산 담보대출의 경우 감정가나 매매가의 60~70%까지 대출을 받을 수 있다(일부 규제지역 제외). 현재 우리는 은행이자가 낮아 은행을 징검다리 삼아 강 건너 부자 마을에 갈 수 있는 시대에 살고 있다. 물론 예전처럼 대출담당자가 버선발로 달려 나오지는 않을 것이다. 하지만 은행의 서비스보다는 대출이자가 저렴한 것이 더 좋지 않은가. 좋은 기회가 아닐 수 없다.

예를 들어 보자. 매매가 2억 원의 연립주택이 있다. 다음의 표를 참고하면 이해가 쉬울 것이다. 온전히 전세금만 이용할 경우, 전세금은 매매가의 70%인 1억 4,000만 원 정도, 현금투자금액은 전세금을 제외한 6,000만 원만 있으면 된다. 은행에 대출을 받을 경우에 규제지역이 아닌 경우 매매가의 60%인 1억 2,000만 원을 받고 보증부월세인 보증금 2,000만 원에 월세 50만 원을 받게 된다. 현금은 똑같이 6,000만 원을 투자하는데 은행 담보 대출을 이용할 경우 보증부월세 50만 원을 받아 1억 2,000만 원 대출에 대한 이자를 지불하고도 수익이 생긴다. 은행 금리가 낮기 때문에 가능한 일이다. 이렇게 반문하는 사람

구분	전체 아파트	재건축 아파트	재건축 제외 아파트
전세가율	73.30%	38.54%	75.86%

* 부동산114(2017년 3월)

〈레버리지 활용방법〉

구분	전세금만 이용	은행 담보 대출 + 전세금 이용
레버리지 이용금액	전세금 1억 4,000만 원 (매매가의 70%)	대출 1억 2,000만 원(매매가의 60%) + 보증금 2,000만 원
필요현금	6,000만 원	6,000만 원

도 있을 것이다. 은행 대출을 매매가의 60%를 받고 전세로 세를 놓으면 되지 않느냐고 말이다. 하지만 은행 대출이 많으면 배당순위가 후순위로 밀려나므로 전세입자는 만약의 사태에 대비하여 근저당이 많이 설정된 주택엔 전세를 꺼려한다. 전세가 나가지 않으면 레버리지를 활용하는데 지장을 초래하게 되며 재개발·재건축 사업이 장기화될 때 어려움에 처할 수 있다.

전세가율 높은 연립주택 투자 성공사례

2014년 6월 부산시 온천4재개발 구역 조합설립인가 후 시공사 선정 단계에 있었다. K씨는 27평형 연립주택을 1억 1,000만 원에 구입해서 전세 7,500만 원에 전세입자를 입주시켰다. 전세가율은 68.1%였다. 당시 부산의 전세가율이 68.5%였으니 평균에 가까운 전세금액이었다. 부대비용 포함 투자금액은 현금 3,800만 원이다. 부대비용(취득세, 법무사수수료, 중개사수수료)은 양도세를 낼 때 공제받으므로 영수증 등을 잘 챙겨두어야 한다. 온천4구역의 재개발사업 진행 상황은 조합설립인가 후였으며 시공사 선정 직전 단계에 있었다. 조합원 입장에서는 사업의 진행상황이 불안하기도 하고 확신이 서지 않는 단계였으므로 가격대는 높지 않게 거래되었다. 2016년 7월 현재 2년이 지났고 현재 세입자에게 전세금을 1,000만 원을 올려 받아 투자금액 1,000만 원을 더 회수했다. 시세는 2억 3,000만 원이고 부대비용과 세금을 고려하지 않은 수익금은 1억 2,000만 원이다.

2017년 3월 현재 온천4재개발 구역의 진행 단계는 시공사 선정과 사업시행인가를 끝내고, 감정평가가 진행 중이다. 감정평가가 끝나면 조합원 평형배정 신청이 있고 관리처분을 거쳐 일반 분양을 하게 되면, 즉 사업단계가 진행되면 가격은 더 오를 것이다. 특히나 현재 부동산시장은 재개발 · 재건축 시장이 아닌가. 2016년 부산에서 분양한 아파트는 2만 5,000세대이며, 그 중 재개발 · 재건축 물량은 8,700세대에 이른다. 35% 수준이다. 서울의 86.6%에 비하면 많지 않지만 부산도 이제 본격적인 재개발 · 재건축시장으로 돌입하고 있다.

K씨의 경우 온천4구역의 조합원 예상 분양 가격이 34평형(전용면적 85㎡) 3억 5,000만 원 정도이며 예상 권리가는 1억 6,000만 원 정도이고 예상 분담금은 1억 9,000만 원이고 일반 분양 후 프리미엄을 받고 매도하게 되면 매도가격은 6억 원 정도 예상된다. K씨의 27평형 연립주택 총 매입금액은 3억 원(분담금 1억 9,000만 원 포함)이다. 레버리지를

〈연도별 부산지역 전세가율 변화〉

구분	2014년 6월	2015년 6월	2016년 6월
전세가율	68.50%	69.57%	71.66%

* 부동산114

이용하여 성공한 아주 좋은 투자 사례이며 주변에서 쉽게 볼 수 있는 충분히 가능한 사례 중의 하나다.

용감한 부산 아줌마의
강남 입성기

입주권이란 재개발·재건축 지역의 원조합원이었던 자가 기존의 토지 또는 건축물을 제공하고 대체하여 돌려받는 부동산의 취득 권리다. 사업장이 관리처분인가를 받으면 조합원은 새 아파트나 상가에 입주할 수 있는 권리를 갖게 되고, 이때부터 사실상 입주권이라 부른다. 거래가 제한된 지역을 제외하고 대부분의 개발지역은 매매가 자유롭다. 재개발·재건축 지역의 물건을 매수하고자 하는 자는 소유권 이전과 동시에 매도인에게 조합원으로서의 모든 권리와 의무를 승계받는다.

그렇다면 재개발·재건축에 관심 있는 사람들은 왜 입주권에 열광할까? 간단히 말해 개발지역의 미래가치 상승에 대한 기대 때문이다. 재개발·재건축의 조합원은 일반 분양가보다 낮은 가격에 분양

〈입주권과 분양권의 차이〉

구분	입주권	분양권
동 호수	로얄층 물량 지정 가능	저층 등 상대적으로 좋지 않은 동 호수
분양가	• 일반 분양가보다 저렴 • 추가분담금 발생가능성 있음	• 입주권보다 분양가 비쌈 • 확정적인 분양대금
자금계획	입주권 전매 시 초기 목돈 필요	분양가 10~20%를 계약금 부담
청약통장	불필요	필요
주택 수 산정	1주택자	주택 수에 포함 안 됨
취득세	매입 즉시 토지분의 4.6%	소유권 등기 시 1.1~3.5%

받을 기회를 갖게 되고, 발코니 확장 무료 또는 할인, 분양가할인, 무상지분율 제공, 비례율, 로얄층 분양, 중도금 무이자 또는 후불제 옵션 등의 혜택을 누릴 수 있다.

아파트 분양가의 경우 '분양가상한제'가 폐지되면서 최근에 많이 올랐다. 부동산114에 의하면 3.3㎡당 아파트의 평균 분양가는 2015년 986만 원에서 2년이 지난 2017년에는 1,165만 원으로 18.2% 상승했다. 가격도 가격이지만 청약을 통해 신규아파트를 분양받기란 하늘에 별 따기다. 2016년 서울의 청약경쟁률은 22.55 대 1로 2015년 청약경쟁률인 13.57 대 1을 훌쩍 넘어섰다. 사람들이 선호하는 지역인 경우 프리미엄을 주고 분양권을 사야 하는데, 입주권을 매수(이전)하여 조합원이 되면 전체 투자금액이 적게 들고 조합원으로서 주어지는 혜택 또한 누릴 수 있다. 그래서 조합원이 될 수 있는 재개발·재건축 투자를 선호하게 되는 것이다.

혜택 많은 입주권 투자

지금 우리는 은행의 이자율이 낮고 통화량이 증가하는 등 돈의 가치가 떨어지는 시대를 살고 있다. 따라서 실물자산에 투자하는 것이 유리하다. 낮은 금리로 인하여 현금을 은행에 예금하는 것보다 좋은 투자처를 찾고자 하는 수요자가 많다. 재개발·재건축 입주권은 아파트나 상가를 받을 수 있는 권리이므로 투자와 입주를 병행할 수 있다는 장점이 있다. 투자를 처음 하는 초보자는 정보 수집을 남들보다 더 많이 하고 발품도 더 많이 팔아야 실패할 확률이 낮다. 다른 사람들의 얘기도 참고해야 하지만 결국에는 자신의 실력과 감각으로 도전해야 한다. 그리고 재개발·재건축 물건을 고를 때는 절대 무리한 자금 계획을 짜면 안 되며, 하자 발생 빈도가 낮고, 환금성이 좋은 연립, 다세대, 아파트 위주로 투자하는 것이 위험을 회피하는 좋은 방법이다.

부산시 명륜동에 거주하던 C씨는 은행원 남편을 둔 전업주부다. 평범한 대한민국 주부로 살아가는 보통 아줌마다. 평범한 일상을 보내던 어느 날 C씨에게 중대한 사건이 생겼다. 은행원이던 남편이 서울로 발령이 난 것이다. 고민 끝에 가족 모두 서울로 이사를 가기로 결정하고 서울로 집을 구하러 갔다. 평소에 부산에서 거주할 때 주변에서 재건축이 진행되는 13평형(공급면적 43㎡) 주공 아파트를 전세를 안고 현금 5,000만 원 정도의 가격에 매수하라는 권유를 받은 적이 있었다. 하지만 남편의 반대로 번번이 기회를 놓쳤고, 투자기회를 잡지 못했던 13평형 주공아파트는 재건축사업이 잘 진행되어 현재 투자금액 대비 연간 20% 이상씩 오르는 것을 경험한 적이 있기에 재건축 단지에 관심을 가지게 되었다.

대치동 은마아파트 투자 성공사례

C씨 가족은 대치동 은마아파트 전용면적 76㎡(31평형)로 이사를 가기로 했다. 이사할 당시 2012년에 7억 7,000만 원에 매수했다. 전용 85㎡(32평형)인 부산 집을 처분하여 확보한 자금은 3억 2,000만 원이었다. 부산 집을 팔아 서울, 그것도 강남에 집을 사기에는 턱 없이 부족한 돈이었지만 최대한 은행대출을 안고 적금과 주식을 처분해서 마련했다. 집은 낡고 좁지만 강남에서 아이들을 교육시킬 수 있기에 대출이자는 부담스럽지만 미래를 생각하면 즐거웠다. C씨는 상경하게 되면서 재건축 투자에 입문했고 지금도 거주 중이다. 2017년 7월 현재 전용 76㎡(31평형)의 시세는 13억 5,000만 원이다. 2012년부터 현재까지 1년에 약 1억 원씩 오른 셈이다. C씨는 투자에 있어 초보였지만 그동안의 경험과 생각, 발품과 운이 같이 어우러져 이 같은 결과를 냈다. C씨는 투자에도 성공하였으며 아이들도 모두 서울의 원하는 대학

〈은마아파트 실거래가 추이〉

분기별	16년 1분기	16년 2분기	16년 3분기	16년 4분기	17년 1분기	17년 2분기
실거래가(층)	99,000(10)	107,000(10)	111,000(10)	123,000(10)	116,800(10)	122,000(11)

* 국토부

에 진학하여 두 마리 토끼를 잡은, 결코 평범하지 않는 한국의 '강남 아줌마'가 되었다.

2017년 7월 현재 은마아파트는 정비계획안을 강남구에 제출한 상태다. 현재 서울시의 35층 제한에 묶여 논란이 많지만 정상적으로 재건축 조합이 설립되면 C씨가 가진 아파트는 입주권으로 바뀔 것이며, 일반 분양분보다는 더 좋은 층과 향을 배정받고 조합원으로서의 혜택도 누릴 수 있을 것이다.

08

집 한 채 입주권 둘,
집 두 채 입주권 하나

11·3부동산대책이 발표되면서 분양과 청약시장에 제한적 규제를 받게 되었다. 8·2부동산대책은 이러한 규제를 더 강화한 측면이 강하다. 기존주택, 재개발·재건축, 토지, 상가 등의 전면적 규제가 아닌 특정 지역의 분양과 청약을 규제함으로써 경제에 미치는 영향을 최소화하고 부동산 시장을 안정시키려는 정부의 의도가 엿보인다. 11·3부동산대책 발표 후 부동산 시장은 심리적으로 얼어붙었으며 소강상태를 유지하고 있다. 하지만 수도권과 지방은 조금 다른 모습을 보인다. 수도권의 일부 재건축 구역은 매매가가 하락하였지만 지방의 선호도 높은 재개발·재건축 구역은 보합을 유지하고 있고, 하락의 기미는 크지 않다. 다만 분양권은 급매가 간혹 나오고 실 입주자 외에는 투자를 적극적으로 하지 않고 있는 상태로 거래가격이 11·3부동산대책

이전보다 다소 하락한 상태에서 거래가 이루어지고 있다.

부동산투자는 장기전이자 기다림의 미학

분양가상한제 폐지로 인한 분양가 상승은 건설사에게는 많은 이득을 가져다주었겠지만 국민들에게 높은 아파트 값의 부담을 떠안겼다. 물론 한 가지 이유 때문에 아파트 가격이 결정되는 것은 아니지만 분양가상한제 폐지는 아파트 가격을 올리는데 일등공신의 역할을 했다. 분양가가 올라가면서 기존 아파트 가격이 순차적으로 올라가기 때문이다. 900만 원 대에 머무르던 전국의 분양가도 분양가상한제가 폐지된 2016년에는 1,000만 원을 넘겼다. 2016년 12월의 미국 연준 금리인상은 사람들의 불안한 마음을 더욱 더 부추겼고 2017년에는 미국의 금리인상이 두세 차례 이상 있을 것이라는 전망이 보도되자 투자자는 보수적으로 부동산 시장을 바라보고 있다. 하지만 부동산 투자는 장기전이다. 부자는 짧게 변동하는 시장과 정책에 의해서 그렇게 많이 흔들리지 않는다. 장기적인 측면에서 투자를 하며 부동산 가격이 하락하면 오히려 더 사들이는 경향이 있다. 좋은 기회를 놓칠 수 없기 때문이다. 장기적인 시각으로 보면 통화량의 증가로 돈의 가치가 떨어지고 있고 실물자산의 가치가 올라가고 있음을 아는 까닭이다. 기다림의 미학을 알고 실천할 수 있을 때 부자가 될 수 있다.

〈연도별 분양가〉 (단위 : 만 원/3.3㎡)

지역	2014	2015	2016	2017
전국	940	987	1,052	1,062
서울시	1,888	1,946	2,131	2,253

* 부동산114(2017년1월 현재)

분양시장에 제한적 규제가 있는 지금 시점에서는 재개발·재건축 시장에 관심을 가져보는 것도 좋다. 재개발 지역에 주택을 소유한 경우, 주택 1채가 입주권 2개가 될 수도 있고 주택 2채가 입주권 1개가 될 수도 있다. 지자체와 정비법에 정해진 기준일 이전에 주택을 토지와 건물을 분리하여 각각 다른 명의로 소유하고 있는 경우에(단, 토지는 총 면적이 분양대상 자격요건에 충족해야 한다) 입주권을 2개 받을 수 있는 권리가 생긴다. 토지에 입주권 1개, 주택에 입주권 1개가 각각 주어지기 때문이다. 국·공유지 위에 집을 짓고 사는 경우에도 지자체마다 기준일이 있는데 그 기준일에 적합하게 건축된 것이라면 입주권이 주어진다. 반면 1세대당 주택을 2채 이상 소유하고 있는 경우 입주권이 하나만 주어지는 경우가 있다.

입주권 가능 여부 확인해야

예를 들면, 한 구역 내에 여러 채의 주택을 소유하고 있는 세대가 있다. 이때는 입주권이 하나만 주어진다. 재개발 구역의 경우 같은 구역 내 여러 채의 주택이나 여러 필지의 부동산을 가지고 있어도 1세대당 하나의 입주권만 주어진다. 물론 주거전용면적이 클 경우 1+1의 혜택이 주어지기도 하지만 기본적으로는 하나의 입주권만 주어진다. 1세대당 2개 이상의 부동산을 같은 구역에 소유하고 있을 시 분양권이 하나만 주어질 가능성이 높으므로 정비법과 지자체가 정한 기준일 이전에 소유자를 바꿔줘야 개별 물건마다 각각 하나의 분양권이 주어진다. 이와 같이 재개발 구역에 주택을 보유하고 있지만 한 채의 주택으로 2개의 입주권을 받는 사람이 있는가 하면 2채 이상의 주택을 보유하더라도 1개의 입주권만 받는 경우도 허다하다. 이런 경우를 대비해서 같은 지역에 주택을 2채 이상 매수할 경우 명의자를 신중하게 선택하여 등기하는 것도 투자에 실패하지 않는 지혜다.

평소에 부동산 투자에 관심이 많은 B씨는 2012년 부산시 동래구 온천4재개발 구역의 단독주택을 구입했다. 주택 구입 당시 온천4구역은 구역지정일 후이고, 온천4구역 주택의 부속 토지 소유자 변동의 기준일은 구역지정일이었다. 이 물건은 전 소유자가 구역지정일 이전에 주택과 토지가 분리된 상태로 보유하고 있었기 때문에 매수인은 각각(2채) 분양받을 수 있다. B씨는 자녀 2명에게 토지와 주택을 각각 분리하여 증여하였다. 주택 구입 당시 매매가는 1억 8,000만 원이었다. 2017년 현재 온천4구역의 사업진행단계는 관리처분인가를 앞두고 있다. 매매예상가는 4억 4,000만 원이다. 만약 한 사람 명의로 소유했다면 매매예상가는 3억 2,000만 원이다. 이처럼 재개발구역에서 기준일 이전에 주택과 토지의 소유자를 각각 분리하여 취득하는 경우와 한 사람이 주택과 부속 토지를 함께 취득하는 경우는 수익의 차이가 난다. 앞의 예에서 예상해본 수익의 차이는 현재 1억 2,000만 원이지만 사업이 더 진행되고 입주에까지 이르면 수익은 더 차이날 것이다.

입주권 가능 여부가 투자수익률 차이 만들어

반면 K씨는 2008년부터 온천4구역에 단독주택을 한 채 소유하고 살고 있었는데 우연한 기회에 2011년 단독주택을 한 채 더 구입하게 되었다. 자녀가 성장하면 증여할 생각으로 구입했지만 자녀 명의로 하기엔 아직 때가 아니라고 생각하여 본인 명의로 등기했다고 한다. 2채 중 1채는 K씨가 거주하고, 한 채는 임대 중이다. 2008년 거주하는 주택은 1억 6,000만 원(50평)에 구입했고 2011년 구입한 주택은 2억 원(51평)에 구입했다. K씨는 재개발에 대한 관심과 지식이 없이 그냥 지나쳤고 분양평형신청 시 1개의 주택만 신청할 수 있다. 주택 2채를 소유하고 있었지만 입주권 1개의 자격 외 더 이상의 혜택은 없다. 주택 면적과 가격이 적어 1+1의 혜택도 받지 못한 억울한 사례다.

K씨의 경우 현재 주택 2채를 합한 예상매도가가 6억 원 정도이고 각각 분리하여 소유하였다면 예상매도가가 7억 3,000만 원 정도 된다. 현재 예상수익의 차이는 1억 3,000만 원 정도 되지만 이 경우도 마찬가지로 사업이 차츰 진행되고 입주가 시작되면 수익의 차이는 더

많이 날 것이다. 이 2가지 사례는 우리의 베이비붐 세대 부모들이 자녀에게 상속 증여하는 세태를 그대로 반영해주는 예이며 B씨와 K씨는 연령대가 비슷하고 유사한 투자를 했지만 결과에서는 많은 차이가 났음을 볼 수 있다. 부동산 투자는 아는 만큼 보이고 보이는 만큼 생각하고 생각한 만큼 누릴 수 있다.

09

과소필지의
위대한 탄생

재개발구역의 과소필지는 분양대상 자격요건에서 제외되고 청산대상
이 된다. 과소필지란 건축대지로서의 효용을 다할 수 없는 필지로서
지방자치단체의 조례가 정하는 면적에 미달하는 필지를 말한다. 한마
디로 작은 토지나 주택이다. 주택재개발사업의 추진에 영향을 미치는
요인들이 많지만 일반적으로 알고 있는 용적률, 노후불량율과 함께
과소필지 비율 또한 중요하다. 정비예정구역 지정 기준에 과소필지
비율이 들어가는 것도 이런 이유 때문이다.

　하지만 이런 과소필지도 몇 가지 요건만 더 갖춘다면 분양대상자격
이 주어지는 분양대상 조합원으로 위대한 탄생을 할 수 있다. 재개발
구역의 토지를 가진 소유자가 분양대상 자격이 주어지는 요건은 사업
구역 내 전체 면적(총면적 적용)에서 90㎡(서울 기준) 이상을 소유했을 때

긍정요인		부정요인	
노후불량율	높을수록	구역면적	좁을수록
기존 용적률	낮을수록	기존 용적률	높을수록
무허가비율	낮을수록	과소 필지 비율	높을수록
		접도율	낮을수록
		간선도로 거리	멀수록

* 네이버 블로그

이다. 이때 지목은 무관하고 총 필지 합산도 가능하다. 토지의 소유자가 유주택자라도 같은 구역 내 다른 주택을 소유하지 않았다면 유주택자도 분양대상 자격이 주어진다.

과소필지도 분양대상자격 가능

예를 들면 30㎡의 토지를 가진 소유자는 과소필지로 분류 되어 분양대상 자격요건에서 제외된다. 분양대상 토지 최소 크기를 맞추려면 60㎡의 토지가 더 필요하다. 이때 60㎡를 더 매수하여 합산한다면 분양대상 자격이 생긴다. 분양평형 신청 시까지 매수하여 합산하면 90㎡가 되므로 분양대상자격이 주어진다. 재개발 분양대상 토지 최소 크기는 지자체마다 다르다.

또한 분양대상규모 이하 토지소유자로서 무주택자에게 주는 분양자격 규모도 있다. 부산시의 경우 예를 들면 20㎡ 이상 60㎡ 미만(서울

〈재개발 분양대상 토지 최소 크기〉

구분	서울	부산	대구	광주	울산	창원
면적	90㎡	60㎡	90㎡	60㎡	90㎡	90㎡

* 창원은 통합 이전

30㎡~90㎡)인 과소필지의 경우 다음의 요건만 갖춘다면 분양대상자격이 주어진다.

첫째, 지목이 도로이며 현황도 도로로 사용할 경우만 아니면 된다. 둘째, 사업시행인가일부터 공사완료시까지 전 세대가 무주택자여야한다. 셋째, 한 필지의 면적만으로 적용된다. 즉, 여러 필지의 합산은 불가능하다.

과소필지를 매수할 경우 적은 투자금액으로 분양대상자가 될 수 있는 좋은 기회를 얻을 수 있다. 그런데 이러한 조건을 몰라서 재개발구역 원주민이면서 그냥 지나치는 경우가 허다하다. 합리적인 법의 테두리 안에서 누릴 수 있는 혜택을 간과한다면 얼마나 억울하겠는가. '권리 위에 잠자는 자는 아무도 보호받지 못 한다'는 말이 있듯이 부는 그저 축적되는 것이 아니다. 제대로 된 정보를 알고, 이를 활용하는 자에게만 행운이 올 수 있다.

2013년 N씨는 부산시 장전3재개발구역에 과소필지 대지 30㎡를 매수한 후 도로 36㎡를 연이어 매수했다. 두 필지를 합하면 66㎡이므로 부산시 도시주거환경정비 조례의 분양대상 자격요건을 갖추었다. 매수금액은 두 필지를 합산하여 7,000만 원이고 감정가는 2,600만 원, 프리미엄 4,400만 원이었다. 이주비 1,300만 원을 공제한 투자금액은 5,700만 원이었다. 2014년 N씨는 35평형 로열층을 분양받았고 조합원 분양가는 3억 3,900만 원이었다. 일반 분양가는 3억 7,450만 원으로 조합원 분양가와 일반 분양가의 차이는 3,550만 원이다.

2013년 이후 부산시 분양시장이 과열되면서 분양권의 가격은 계속 올랐다. 입주를 1년 앞둔 2016년 하반기에 매도를 하였고 세금공제한 후의 순수익은 1억 500만 원이다. 과소필지가 청산대상자에서 입주권으로 위대한 재탄생을 한 것이다. 과소필지를 가지고 있는 조합원이나 소액투자를 원하는 투자자는 과소필지에 관심을 가져보는 것도 좋다.

10

인생을 바꿀 수 있는
상가 투자

국토가 좁은 우리나라에서 국민이 가지고 있는 자산의 70% 이상이 부동산에 투자되어 있다. 우리 국민이 그만큼 부동산 자산을 선호하는 것을 의미하며 부동산의 특성상 부증성, 부동성, 영속성, 희소성 때문에 공급이 비탄력적으로 이루어져 가격이 상승하는 경향이 있다. 좁은 국토와 국민의 소유욕이 맞물려 부동산 가격은 점점 오르고 이에 따라 부동산은 기업과 개인 모두의 부의 원천이 되고 있다. 부동산의 여러 종류 중에 리스크는 있지만 잘만 투자한다면 큰 수익을 얻을 수 있는 상품이 상가다. 상가에도 여러 종류가 있지만● '단지 내 상가'

● 상가는 크게는 건축법에 의한 상가와 주택법에 의한 상가로 구분된다. 주택법에 의한 상가는 단지 내 상가이며, 건축법에 규정된 상가는 근린상가, 복합상가, 테마상가 등으로 나눠진다.

구분	내용	유의점
단지 내 상가	아파트 단지 내 부속된 상가	700세대 이상, 예정가의 130~150%, 분산상가 유의, 주(主) 출입구 중요
복합상가	주상복합건물이나 오피스텔의 저층부에 위치한 상가	전용면적 확인, 역세권의 집객력 파악, 주거부문 분양률 파악
테마상가	테마 중심으로 업종 배치한 상가	테마와 관련된 업종(MD) 중요, 시행사와 관리사 확인, 상권 형성 파악
근린상가	주거시설에 인접한 근린형 상가	업종 유의, 상업용지비율 파악(3% 대), 입지 중요

가 여기에 가장 부합한다. 단지 내 상가는 아파트와 같은 공동주택 단지 내에 건축된 것으로 입주민들의 생활 편의 제공을 위해 대부분 생활시설과 구매시설, 교육시설 위주로 구성되어 있다.

1,000세대 이상의 단지는 입주민이 고정고객으로 어느 정도 확보되어 수익이 안정적이며 생활밀착형 업종 중심이기 때문에 경기에 큰 영향을 받지 않아 공실의 위험이 상대적으로 적다는 장점을 가지고 있다. 단지 내 상가를 고를 때는 1,000세대 이상 대단지, 월세보다 전세나 자가 위주인 곳, 20~30평대 입주민 분포가 많은 곳, 전용률이 60% 이상인 것, 보행자도로를 낀 코너와 출입구, 전 세대수 대비 상가 비율이 낮은 것, 입주민 외의 유동 고객이 많은 곳 등을 고려해야 한다. 가시성이 좋은 스트리트형이면 더 좋다. 앞의 조건에 더 많이 부합할수록 좋은 상가라 할 수 있다. 단지 내 상가를 분양받기 위한 하나의 방법으로 재개발·재건축이 진행되고 있는 곳의 근린생활시설 또

는 유사시설을 매수하면 유리한 조건으로 분양받을 수 있다. 물론 재개발·재건축 조합원의 주택소유자도 상가를 신청할 수는 있지만 순위에 밀려 당첨 가능성은 희박하다.

재개발·재건축 상가투자는 높은 투자수익 가능

W씨는 2014년 3월 부산시 금정구 장전3구역의 근린생활시설을 매수했다. 권리가는 7억 원이었다. 새로운 단지 내 상가 119㎡(36평)를 조합원으로서 분양받았다. 단지 내 근린생활시설의 일반 입찰은 2016년 3월에 진행되었다. 근린시설 1층의 평균 입찰가는 3.3㎡당 5,200만 원 정도에 낙찰되었다. 입찰경쟁도 심했고, 당시 비싼 가격에 낙찰되었지만 프리미엄이 따로 붙어서 거래되었다. W씨는 최소한 3.3㎡당 5,200만 원(일반입찰가)에 매도할 수 있게 된 것이다. W씨는 입주 후 매도하지 않고 계속 보유하여 월세를 노후생활자금으로 활용할 계획이다. 현재 시세로 매도하면 18억 원 정도 한다. 월세는 600만 원 정도를 예상하고 있다. 세전 수익은 11억 원이다. W씨는 직장인을 남편으로 둔 평범한 주부다. 두 아이의 교육비와 결혼자금을 걱정하여 평소에 부동산 공부를 열심히 하며 발품도 많이 팔았던 결과물이다.

11

부동산은
타이밍이다

인간은 순간순간 선택하면서 살아야 한다. 작은 것에서부터 큰 것까지 인간은 선택의 굴레에서 벗어날 수 없다. 우리는 하루에 얼마나 많은 선택을 하고 사는지 생각해보면 놀라지 않을 수 없다. 한 연구에 의하면 우리는 매일 1만 가지에 이르는 사소한 선택을 하는데 음식에 관한 선택만 해도 227가지나 된다고 한다.[•]

주식투자는 환금성이 뛰어나고 적은 금액으로도 투자할 수 있다는 장점 때문에 많은 사람들이 선호한다. 그러나 부동산은 환금성이 떨어지고 대부분 투자금액이 크고 세금도 많다. 그래서 선택을 잘해야 하며 타이밍 또한 잘 잡아야 한다. 재개발·재건축에서 투자

● Douglas, K.(2011), 〈Decision time : How subtle forces shape your choice〉, New Scientist

타이밍은 언제가 좋을까? 많은 사람들이 끝없이 고민하고 갈등하는 과제다.

환금성 낮은 부동산도 타이밍 선택으로 극복 가능

재개발·재건축 사업진행 과정은 도시 및 주거환경정비 기본계획에서부터 시작한다. 기본계획이 수립되고 정비구역이 지정되기 전 1차로 가격이 오르는데 이 시점에서는 낮은 가격에 매수할 수 있지만 위험 또한 크다. 사업이 정상적으로 잘 진행되면 가격은 계속 오른다. 진행단계가 초기일 때 투자할수록 수익은 높아지는 것이다. 수익과 위험은 비례하기 때문이다. 재개발·재건축 투자의 적정 타이밍에 정답은 없다. 투자자의 성향에 따라 공격적인 투자성향인 사람은 사업이 초기 단계일 때 매수하고 보수적인 투자성향을 가진 사람은 조금 높은 가격에 매수하더라도 사업이 많이 진척된 시점에서 매수해야 한다. 투자자 본인의 성향과 감각에 따라 타이밍을 선택하는 것이다.

그러면 위험을 최소화시키면서 고수익을 올리는 방법이 있을까? 있다! 주식투자에서 위험을 최소화하기 위해 투자자들은 코스피의 블루칩만 거래하는 것처럼 재개발·재건축에도 블루칩이 있다.

재개발·재건축 사업은 기본계획이 수립되었지만 정비구역지정이 늦어지거나 지정이 되지 않을 수 있는 위험요소를 안고 있는 사업이다. 하지만 이런 사업들도 위험에서 벗어나 더 큰 수익을 얻는 방법이 있다. 만약에 구역지정이 지연되거나 안 되더라도 쉽게 매도할 수 있는 물건을 선택하면 된다. 정비구역으로 지정되어 사업을 진행하다가 문제가 발생하여 취소되는 재개발·재건축 구역은 예상보다 많다. 재개발·재건축 사업이 무산되었을 때 기대감으로 투자했던 사람들도 상처를 받고, 매몰비용까지 부담하는 경우가 생길 수 있다.

환금성 높은 물건 선택하라

그러면 어떤 물건을 매수해야 위험을 최소화할 수 있을까? 재개발·재건축 사업이 무산되어도 쉽게 매도할 수 있는 물건을 선택하는 것이 실패 확률을 최소화시킬 수 있는 방법이다. 평지이면서 교통이 편리하고 주차가 가능하며 집 안팎이 깨끗하고 주택 가격이 인근 주택가의 거래가격보다 높지 않은 선에서 골라야 한다. 주택을 매수할 경우, 전·월세 등 임대차 수요가 풍부한 곳이라면 금상첨화다. 특히 월세가 안정적으로 발생하는 연립, 다세대, 아파트는 선호도가 높으므로 좋은 투자 상품이다.

정비구역지정이 되고 조합설립인가가 난 구역은 그 이전 단계보다 가격은 좀 높지만 위험은 가격이 오른 만큼 줄어들었다고 보면 된다. 조합설립인가가 나면 가시적으로 진행상황이 드러나고 주민들의 의지도 조금 더 확고해져 있기 때문에 투자해볼 만하다. 조합설립인가를 받고 다음 단계인 시공사가 선정되기 전 단계는 시공사들의 입찰

의지를 보면 된다.

대단지이면서 교통여건과 학군, 편의시설, 문화시설 등 입지 좋은 곳이라면 분양이 잘 될 가능성이 높아 시공사는 경쟁적으로 러브콜을 할 것이다. 이런 감각을 가지고 조합설립인가가 된 구역의 물건을 잘 고른다면 높은 수익을 올릴 수 있다. 조합설립인가 후 시공사 선정 단계가 되면 본격적인 투자가 시작된다. 그동안 불안하게 지켜보며 망설이던 투자자들이 움직이기 시작한다. 대중심리는 같은 방향으로 흐르기 때문에 군집화되는 경향이 있다.

사업성이 뛰어난 구역은 시공사들이 서로 경쟁하며 금품살포도 불사한다. 조합원은 개발의 희망을 갖게 되고 가격은 점차적으로 오르면서 시장은 매도자 우위시장으로 서서히 변해간다. 시공사가 선정되면 길목마다 시공사의 감사인사 플랜카드가 자랑스럽게 휘날리면서 마치 축제 분위기를 연상케 한다. 시장은 매도자 우위 시장으로 확고하게 자리매김하게 되고 매수자는 많은 불안과 위험을 떨쳐버리고 매수하기 시작한다. 가격은 계속 상승세이며 매수자들은 마치 경쟁하는 것처럼 사들인다.

그렇지만 보수적인 성향의 사람들은 다음 단계인 사업시행인가를 기다린다. 사업시행인가는 정비사업의 꽃이라고 할 수 있다. 사실상 시장, 군수에게 사업의 인가를 받는 것이라서 매우 중요하다. 사업시행인가의 의미는 정비사업 전체 내용의 확정이며 돌아올 수 없는 다리를 건너는 상징적인 의미이기도 하다. 여기까지 왔는데 돌아가는 건 엄청난 손해라는 의미다. 이렇게 중요한 사업시행인가가 나면 언론 매체나 주변에 알려지고 다양한 투자자들이 몰려든다. 투자의 위험은 사업이 진행되어 갈수록 줄어들고 가격은 위험이 줄어든 만큼만 오른다.

감정평가 후에는 투자자가 적극적으로 변한다

사업시행인가 후 감정평가가 실시되고 감정평가가 끝나면 조합원 분양평형 배정 신청을 한다. 재개발·재건축의 감정가격은 조합원들에게 아주 예민한 사항이며 권리가를 산정하는 기준이 된다. 재개발·재건축 투자에 있어서 가장 매수 타이밍을 잡기 힘든 시기이기도 하다. 조합원은 감정가격에 대한 불안감으로 시장가보다 높은 가격에 매물을 내놓기도 하는데 감정평가금액이 나오게 되면 분양평형 신청을 하고 대략적인 분담금에 대한 부담을 가지게 된다. 일반적으로 감정가의 30~60%의 이주비로 이사계획을 세우면서 여유자금이 부족한 조합원은 매도를 결심하게 된다. 반면 매수인은 미래의 감정가격에 대한 불안심리가 더 크게 작용하여 더욱더 신중하게 구매 여부를 고민하는 시기이기도 하다. 감정평가금액이 나오기 전의 분위기는 마치 폭풍전야를 연상케 한다.

기다리던 감정평가 금액이 결정되면 아주 보수적으로 접근하던 투자자들도 적극적으로 투자에 뛰어든다. 물론 이 시기는 시공사 선정 직후보다 대략 20~40% 오른 가격에 거래된다. 하지만 위험은 낮고 투자 대비 수익률 계산도 단순하고 비교적 확정적으로 수익 계산이 가능하고 안심할 수 있다. 따라서 이 시기는 입주하고자 하는 실투자자들이 많이 합류하게 된다. 본인이 분양 받고자 하는 평형을 직접 신청하기 위해서다.

조합원 평형 배정신청이 끝나고 나면 관리처분계획 인가를 받게 된다. 관리처분계획 인가 시에는 분양대상자별로 분양예정의 대지 또는 건축시설의 가격이 결정된다. 이 시기는 거의 확정적으로 조합원들에 대한 분담금이 정해지고 일반 분양가 또한 결정되며 중도금과 잔금조건 등 모든 사항이 결정되는 시기다. 관리처분 인가 후 조합원 물건을 매수할 때 종전자산이 주택이었다 하더라도 나대지로 보아 취득세가 4.6%로 바뀌게 된다. 관리처분인가가 나면 나대지도 주택으로 간주하여 주택 수에 산정하여 양도세를 부과하지만 지방세인 취득세를 과세할 때는 나대지로 간주하여 취득세를 4.6%로 일괄 과세한다. 관리처분인가 전 주택에 대한 취득세는 1.1~3.5%다.

관리처분 인가 후 투자는 안정적이다

관리처분 인가 후에는 곧 이주가 시작되고 일반 분양과 착공에 들어간다. 정비사업이 취소될 위험은 거의 없으며 일반 분양가에 대비하여 조합원 물건이 거래된다. 이 시기에 일반 분양 물량이 많이 나올 경우 상대적으로 투자금액이 높은 조합 물건이 거래에서 살짝 밀리기도

한다. 하지만 조합원 물건은 또 다른 장점이 있다. 발코니 확장 무료 서비스, 중도금 무이자나 후불제, 빌트인 전자제품 무상제공 등 조합에서 제공해주는 혜택들이 만만치 않기 때문이다. 또한 이주비를 전세처럼 레버리지로 활용할 수도 있다.

예를 들면 성북구에 거주하는 J씨는 장위4재개발구역에 전용면적 54㎡의 다세대주택을 1억 6,000만 원에 매수했다. 장위4구역은 사업시행인가를 2013년 6월에 받았고 J씨는 사업시행인가를 받자마자 재개발에 대한 불확실성이 어느 정도 해소되었다고 판단하여 매수한 것이다. 그 후 진행과정의 어려움도 있었지만 4년여 동안 기다린 보람이 있다. 2017년 4월 현재 관리처분인가를 받고 8월 현재 이주 준비 중이다. 현재 시세는 2억 7,000만 원 정도이고 J씨는 59㎡의 새 아파트를 신청한 상태다. 시공사는 GS건설이고 2,840세대 대단지 돌곶이역 역세권이라서 입지도 좋다. J씨는 적절한 타이밍에 매수하여 장기 보유하였고 입주를 계획하고 있다. 재개발·재건축구역의 일반 분양을 프리미엄을 주고 매수하는 것보다 J씨처럼 불확실성이 어느 정도 해소된 구역의 적절한 타이밍을 잡아 매수하는 것이 재개발·재건축 투자의 포인트다.

12

재개발
투자 타이밍

2016년 강남발 재건축 광풍이 2017년에는 재개발시장으로 불고 있다. 재개발·재건축 사업의 분양 물량이 서울의 경우 90%에 가깝다. 하지만 재개발은 재건축에 비해 투자 난이도가 높다.● 재건축은 아파트만 사면 조합원이 될 수 있지만 재개발은 사려는 지분이 조합원 분양자격이 있는지가 중요하다. 주택, 토지 등 지분 가격도 천차만별이다.

투자비용만을 고려했을 때 지분은 소규모 물건이 좋다. 초기 투자비가 적게 들기 때문이다. 특히 실투자비 1억 원 미만의 투자자들 사이에

● '주택재개발사업'이란 기반시설(도로, 공원 등)이 열악하고 노후, 불량한 건축물이 밀집한 지역에서 주거환경을 개선하기 위한 사업을 말하고, '주택재건축사업'은 기반시설이 양호하지만 노후 아파트, 노후 단독주택지역에서 주거환경을 개선하기 위한 사업이다. 재개발은 공공사업의 성격을 가지게 되며, 강제수용을 허용하고, 재건축은 민간주택사업의 성격이며, 매도청구권이 인정된다

〈재건축, 재개발사업 차이 비교〉

주택재개발사업	항목	주택재건축사업
국가 공공사업의 성격 (기반시설이 열악하여 일반주택 단지와 함께 공사)	정비 유무	민간사업으로 기반시설이 양호한 지역에 주택만 신축
토지 및 건물을 소유하고 있을 때 (각 시도에서 정한 분양 기준과 조합 내부의 정관에 따라 조합원 결정)	조합원 자격	토지와 건축물 모두 소유해야 함
재개발 사업 반대의 경우에도 조합원의 혜택을 받을 수 있으며 조합원 지위도 양도 가능(조합원 분양시점에 분양신청을 하지 않을 경우 청산대상자가 됨, 일부 규제지역 제한)	조합원 권리 유무	재건축 사업 반대의 경우 조합원 혜택과 지위를 얻지 못하고 현금청산 대상자가 됨
안전진단을 안 하는 대신 정비계획 수립 대상지역 및 재개발 구역 지정 요건을 갖추어야 함.	안전진단 유무	안전진단을 의무적으로 실시해야 함. (이 단계를 밟아야 정비계획 수립이 가능)
강제 수용권 (공공사업의 성격이 강함)	사업부지의 매입 권한	매도청구권 (조합설립에 동의하지 않는 자에 대한 토지 및 건축물의 소유권을 매도 청구할 수 있는 권리)
이주비 주어짐 (단 정비구역 지정 3개월 전부터 거주한 건물 세입자에게만 이주비 지급)	세입자 이주비	세입자 이주비 없음

* 부동산114

선 인기다. 연립, 다세대 등 중소형 주택을 전세 끼고 사는 게 실 투자 금을 줄이는 가장 좋은 방법이다. 소위 갭(Gap)투자다. 중소형 평형을 원한다면 구역마다 중소형 분양평형 세대수가 다르지만 대부분은 적은 투자 비용으로도 중소형 평형대를 분양받을 수 있다.

재개발사업에 투자할 때는 입지가 좋아야 한다. 또한 재개발 투자 초보자라면 무조건 조합원 분양자격이 주어지는 주택을 사는 게 안전하다. 하지만 재개발 투자 타이밍을 잡기 전 가장 중요한 것은 사업 속도다. 주택산업연구원의 연구●에 의하면 1970년대 이후 주택재개발사업의 평균 소요기간은 115.5개월이었다. 무려 10년(9년 6개월)에 가깝다. 특히 최근에 들어 사업기간이 길어지고 있어 이에 대한 대비가 필요하다. 1990년대 114.9개월이 소요된 재개발사업은, 2000년대에는 평균 118.8개월이 걸렸다. 이 기간 동안 계속해서 지분(주택)을 가지고 있는 것보다는 적당한 시점에 투자해서 적당한 시점에 팔고 나오는 것이 더 높은 수익을 보장해줄 수 있다. 재개발사업이 이렇게 길어지는 가장 큰 이유는 이해관계자들 간의 갈등 때문이다. 행정기관, 조합 내부 그리고 시공사와의 갈등으로 인해 사업 추진이 정체되기 십상이다.

재개발 지분은 사업장마다 매입 타이밍이 달라

그럼 재개발 지분은 언제 사는 것이 좋을까? 사업장마다 매입 타이밍이 다를 수 있다. 왜냐하면 사업장마다 사업성과 위험이 다르므로 초기에 투자하는 것이 좋은 사업장도 있고, 사업의 확실성이 명확할 때 투자해야 하는 사업장도 있기 때문이다. 간단하게 이야기하면 사업성이 확실한 사업장의 경우, 사업 초기에 투자하는 것이 좋지만, 사업성이 불명확할 때는 사업의 진전 여부를 확인하고 투자하는 것이 바람

● 김지은 외(2015), 재개발사업 지연요인 및 개선방안, 주택산업연구원

직할 것이다.

2015년부터 주택시장이 상승세에 접어들었다. 재개발시장도 2016년 하반기부터 투자수요가 늘어나고 있다. 따라서 매수 타이밍은 빠를수록 좋다는 것이 일반적이다. 하지만 재개발은 짧게는 10년, 길게는 20년 이상 소요되는 사업이다. 너무 일찍 들어가서 오랫동안 돈이 묶이는 것을 조심해야 한다. 그렇다고 상승장에서 너무 늦게 들어가면 프리미엄은 오를 대로 오르고 매물도 많지 않다.

서울을 기준으로 한다면 A급 구역(상승장이 아니더라도 메이저 건설사가 수주에 나서는 입지에 단지규모가 1,000가구 이상인 구역)이라면 매수 타이밍은 사업시행인가 신청 단계, 즉 사업시행인가 전이 좋다. 늦어도 조합 설립 후 시공사 선정 전에 매입해야 한다. 사업진행에 따라 시공사들이 적극적으로 수주에 나설 가능성이 높기 때문에 시공사 선정 전에 매입하는 것이 좋다. 서울 지역에서는 서대문구, 마포구 등이 대표적일 것이다.

B급 구역(주택시장이 침체되면 사업지연 가능성이 높아 조합의 업무추진능력이 중요하고 시공사가 수주에 적극적이지 않은 구역)이라면 매수 타이밍은 조합 설립 후 시공사 선정 전후다. 안전한 투자를 원하면 시공사 선정 후 매수하면 된다. 시공사가 선정되면 사업추진이 크게 어렵지 않기 때문이다. 서울 지역이라면 은평구, 영등포구, 동대문구 등이 대표적이다.

서울 재개발구역에 투자를 한다면 서울시 클린업시스템(cleanup.seoul.go.kr)에 들어가 사업단계와 사업 속도를 확인하는 게 좋다. 또 현장조사를 통해 믿을 만한 중개업소를 만나는 것은 필수적이다.

13

재개발 수익률
분석법

다음에 나오는 사례는 사업시행인가 전의 매매 예시다. 매매가와 감정가의 격차(프리미엄)는 3,840만 원이다. 30평 블록조 개별공시지가 3.3㎡당 약 320만 원인 2층 주택이다. 매매가 1억 8,000만 원, 전세 6,000만 원, 초기 투자금 1억 2,000만 원의 물건이다. 예상 비례율은 110%에 분담금이 2억 1,800만 원이다. 대부분 분담금은 10%만 계약 시에 지불하고 나머지는(조합원 중도금 무이자일 경우) 입주 시에 지급한다. 예시 물건의 경우 입주까지 5년 정도의 기간이 걸린다. 투자자는 5년을 기다려야 하느냐고 반문할 수도 있지만 사업이 진행되는 동안 매매는 자유롭다. 만약 관리처분인가 후 매수한다면 정확한 감정가, 프리미엄, 분담금, 권리가, 비례율 등 거의 모든 것이 확정되기 때문에 투자금액과 수익 등을 보다 더 정확하게 판단할 수 있다. 대신 리스

대지	99m²(약 30평)	2015년 1월 1일 개별공시지가 97만 원/m²
건물	93m²(약 28평)	블록조 2층 단독주택
항목	비용	비고
① 매매가	180,000,000	평당 약 600만 원
② 전세금	60,000,000	
③ 초기투자비용	120,000,000	① − ②
④ 대지 예상 감정가	124,800,000	개별공시지가×130%
⑤ 건물 예상 감정평가	16,800,000	블록조 건물의 감정가액 약 60만 원/평
⑥ 예상 비례율	110%	감정가의 10%(14,160,000)
⑦ 예상 총감정평가액	141,600,000	④ + ⑤
⑧ 권리가액	155,760,000	⑥ + ⑦
⑨ 예상조합원분양가(34평)	374,000,000	
⑩ 추가 분담금	218,240,000	⑨ − ⑧
⑪ 취득세 등 비용	3,000,000	
⑫ 총투자비용	401,240,000	① + ⑩ + ⑪
⑬ 입주 후 예상 매도가	550,000,000	
⑭ 예상투자수익	148,760,000	⑬ − ⑫

* 금융비용, 양도세 등 기타 비용은 고려하지 않음.

크가 낮아지는 만큼 프리미엄이 높아진다. 관리처분인가 후 이주가 시작되고 그 시점에 매입하면 이주비가 나온다. 이때 초기투자비용은 이주비를 제외하고 지불하기 때문에 초기투자비용이 적게 들어갈 수 있다. 이주비는 공사기간 동안 조합원의 거주를 돕는 무이자 대출이며 감정가의 30~60% 정도가 통상적이고 입주 시 은행에 상환하고 입주해야 한다. 이주 시 이주비 외 이사비가 따로 지급된다. 이사비는 이주 시 이사비용에 대한 배려이며 개발구역의 거주와 상관없고 소유자에게 이사비용에 준하여 일반적으로 100만 원~1,000만 원 정도 내외가 지급된다. 최근에는 주택이 없는 나대지도 이사비를 지급하는 조합이 많다.

30평대 정도의 내 집 마련을 꿈꾸는 사람들은 분양권이나 비싼 새 아파트를 구입하는 것보다 재개발·재건축 구역의 물건을 미리 사서 기다리면 새 아파트를 구입하는 것보다 1~3억 원 정도 싸게 구입할 수 있다(고가주택 제외). 내 집 마련은 하고 싶은데 예시처럼 초기투자비용 1억 2,000만 원이 없다면 은행대출을 활용하는 방법도 있다. 예시처럼 매매가 1억 8,000만 원 일 때 약 1억 원 내외로 대출할 수 있으며 대출 후 보증금 2,000만 원에 월세 40만 원 보증부월세도 가능하다. 월세를 받아서 은행대출 이자를 갚을 수 있으니 부담도 덜 수 있다. 이렇게 투자설계를 하면 초기투자비용 6,000만 원만 있으면 된다.

재개발구역의 수익은 미시적으로 볼 때 물건의 감정가, 매매가, 프리미엄, 비례율, 조합원 분양가, 추가 분담금, 일반 분양가에 의해 거의 결정된다. 감정평가액이 정해지기 전 매수 시 감정평가액을 예상하여 매수하여야 하는데 감정평가는 여러 가지 복합요인에 의해 정해지므로 예상하기가 무척 어렵다. 하지만 불가피하게 예상해야 한다면 정확하지는 않지만 개별공시지가를 지표로 삼아 예상해보는 것도 하나의 방법이다. 재개발구역의 물건을 잘 사려면 진행이 잘 되고 있는 구역에 감정가격과 매매가격의 격차(프리미엄)가 적은 것을 선택하는 게 제일 중요하다. 개발구역의 조합원은 감정가를 중요시 하는데 감정가가 높게 책정되면 비례율이 낮아진다. 감정가와 비례율은 반비례 관계이기 때문에 청산 받을 조합원이 아니라면 감정가에 너무 집착하지 않아도 된다. 문제는 사업시행인가 전후 감정가를 모르는 상태에서 양수받은 조합원인데 앞의 예시처럼 예상 감정하여 매수한다면 입주 후 수익률을 예상할 수 있고 미래가치까지 분석할 수 있는 재개발 구역 투자의 고수가 될 수 있다.

조합원은
왜 감정평가액에 민감한가?

재개발구역 조합원에게 보내주는 감정평가액(종전자산평가액)을 통지받고 놀라는 사람들이 많다. 기대한 금액보다 턱없이 평가액이 적게 나오기 때문이다. 감정가의 가격시점은 사업시행인가 고시일이다. 사업시행인가 고시가 나면 감정평가를 실시한다. 조합원 세대수가 많은 경우 시간이 많이 걸리므로 사업시행인가 고시일 이후 감정평가를 실시하고, 통지하는 시점이 많이 다를 수 있다. 이러한 가격의 괴리는 시장 상황이 좋을수록 더 심하다. 그래서 조합원이 감정가를 받아들이기도 어렵고, 원성도 높아진다. 정비사업 과정 중에서 이때가 가장 어수선할 때가 아닌가 싶다. 이때는 조합사무실의 업무가 마비될 정도로 조합원들의 민원으로 떠들썩하다. 이때쯤 감정가에 불만을 가진 조합원들이 모여 비대위('비상대책위원회'라는 개발을 반대하는 모임)가 결성되기도 한다. 조합원들이 이처럼 감정평가액에 목매는 것은 감정가가 매도가, 추가부담금 등의 바로미터이기 때문이다. 감정가의 가격시점은 사업시행인가 고시일이다. 감정가가 결정되면 투자자는 물건의 종류와 상태보다 감정가를 기준으로 형성되는 프리미엄에 많은 관심을 보인다. 이는 감정가가 권리가액, 비례율, 추가분담금, 이주비, 관리처분 계획수립을 위한 기준가격이 된다. 그래서 조합원은 자기 재산에 대한 감정평가액에 민감할 수밖에 없는 것이다.

감정평가액, 그것이 알고 싶다

감정평가액(종전자산평가)은 조합원 개인별로 종전 토지 및 건물의 가격을 산정하는 것으로 관리처분 계획수립을 위한 기준가격이 된다. 가격시점은 사업시행인가 고시일이고 재개발사업은 토지보상법에 의한 공익사업이므로 개발이익을 배제하고 평가하므로, 사업시행인가 고시일 이후 기간이 경과될수록 시장의 실거래 가격과 감정평가액과는 상당한 차이가 발생할 수 있다.

이러한 가격의 격차가 조합원으로서 감정평가액을 받아들이기 어렵게 만드는 요인 중에 하나로 작용한다. 감정평가는 시간도 많이 소요되지만 과정도 복잡하고 일반적으로 조합원들의 만족도가 낮고 개발 과정 중 힘들고 중요한 부분에 속한다. 감정가의 평가기준은 소유자가 생각하고 있는 주관적 가치, 특별한 용도로 사용할 것을 전제로 한 사용, 수익가치 등은 고려하지 않고 객관적이고 일반적인 이용 상태에 따라 평가한다. 이러한 점 때문에 장사가 잘 되는 근린상가의 경우는 영업 손실 보상은 받겠지만 인테리어 비용 등 정비사업으로 인한 피해가 클 수도 있다. 또한 공부상 지목에도 불구하고 일반적이고 객관적이며, 실제로 이용되고 있는 지목에 의한 현황평가를 하며, 일시적 이용 상태는 고려하지 않는다. 정비사업은 일반적으로 구역지정 고시일부터 건물의 개축, 신축, 증축 등의 제한을 받게 되므로 인근 건물보다 노후화되어 최유효이용이 불가한 점 등 건부감가 요인이 작용하게 되나 이를 토지소유자의 부담으로 하면 공평성에 반하므로 이를 배제하고 평가한다.

감정평가액 산정 시 토지는 인근표준지 공시지가를 기준으로 지역요인, 개별요인, 지가변동률, 기타요인 등을 고려하여 평가한다. 도로는 공부상 지목에 불구하고 현황기준이며, 공부상 지목이 대지이나 현황도로로 이용 중이면 도로로 평가하고, 공부상 지목이 도로이나 현황대지로 이용 중이면 대지로 평가한다. 단 소유자가 통행을 금지시킬 수 있는 일시적인 도로는 대지로 평가한다.

토지평가액 산정 = 표준지공시지가×시점수정×지역요인비교×개별요인비교×기타요인보정

건물의 감정평가액 산정은 일반건물일 경우(단독주택 등) 구조, 건물연수, 이용 상황, 시공 상태, 관리, 개·보수, 설비, 용재 등 현재 상황을 참작하여 원가법으로 토지와 건물을 나누어서 평가한다. 건물이 구분건물일 경우(아파트, 다세대주택, 연립 등) 토지와 건물을 나누지 않고 일체로 하여 거래사례비교법으로 평가한다. 구분건물과 단독주택이

혼재되어 있는 재개발구역은 구분건물과 단독주택 등의 감정가에 대한 가격균형이 이루어지도록 평가하는데, 조합원 입장에서는 감정가에 대한 불만을 많이 가질 수 있다.

서로 붙어 있는 다세대주택의 감정평가액이 3.3㎡당 180만 원의 차이가 나는 경우도 있다. 이는 A 다세대 주택은 사업시행인가시점에 거래사례가 거의 없고, 사업시행인가 이전 비교적 저렴한 가격으로 거래된 것이 전부이고 바로 옆 B 다세대는 사업시행인가시점에 거래가 잦았다. 이는 구분건물의 평가를 거래사례비교법으로 하는 경우의 단적인 예라고 볼 수 있다. 정비사업구역의 투자 시 사업시행인가 후 감정평가액이 나오기 전 매수가 어렵다. 가격은 개발이익을 반영하여 다소 오른 상태로 감정가는 알 수 없고 적정 매매가를 판단하기 어려운 시기이며, 감정평가액이 적게 나올 것을 대비해서 감정평가액이 통지되기 직전 비싼 가격으로 매도하는 조합원이 있다. 매수자는 감정가에 대한 보수적인 접근이 필요한 시기다.

권리가액이 중요한 이유

권리가액은 한마디로 조합원의 권리를 주장할 수 있는 가격이고, 관리처분계획 인가 시 결정된다. 사업시행인가 후 감정평가액(종전자산 평가금액)이 결정되면 다음 단계로 조합원 분양평형 신청을 받는다. 조합원은 감정평가액을 기준으로 원하는 분양평형을 신청할 수 있다.

조합원의 분양평형신청이 완료되면 관리처분계획 총회가 실시되고 관리처분계획 인가를 받게 된다. 권리가액은 감정가에서 비례율을 곱한 금액이다.

권리가액 = 감정평가액 × 비례율

예를 들어 감정평가액이 2억 원이고 비례율이 110%라면 권리가액은 2억 2,000만 원이 되는 것이다. 결국 권리가액이 추후 분양받을 아파트의 추가 분담금을 결정하는 금액이므로 가장 중요하다고 할 수 있다. 감정가와 비례율이 높으면 권리가도 높아진다. 권리가가 높으면 큰 평수를 분양받는 데 유리할 수 있다. 또한 추가 부담금도 낮아진다.

추가부담금 = 분양받을 아파트 분양가 − 조합원 권리가액

4장

무엇을
알아야 하는가?

01

시공사 입장에서
생각하라

재개발·재건축 사업이 활황이면 국내 대형 건설사들 또한 국내로 눈을 돌리게 된다. 공공공사 수주가 줄어들고 해외건설시장에서의 손해가 여전히 해결되지 않는 국내 대형 건설사들이 수익성 높은 재개발·재건축 사업을 지나칠 수 없다. 2017년 1분기 상장된 건설사들의 실적이 개선되었는데 해외부문의 손실이 축소된 측면도 있지만 수익성 좋은 국내 주택부문에서 매출이 늘면서 이익 안정성이 높아졌기 때문이다.

재개발·재건축 사업은 토지를 새로이 매입할 필요가 없고, 조합원 수요가 있기 때문에 미분양에 대한 리스크도 적어 좋은 사업이다. 재개발·재건축 사업의 수입은 분양수입인데 여기서 일반 분양수입이 차지하는 비중이 적으면 적을수록 시공사 입장에서는 사업성이 높다.

조합원 분양수입이 안정적인 수요이고 총 분양 수입에서 차지하는 비중이 크기 때문에 안정적으로 사업을 운영할 수 있게 된다. 저층 재건축이 거의 끝난 상황이라 일반 분양수입이 전체 사업비에서 차지하는 비중 또한 갈수록 줄고 있다.

시공사 선정이 핵심

'시공사 선정'이란 재개발·재건축 사업을 추진하는 하나의 단계다. 하지만 조합설립과 함께 사업의 추진을 좌우하는 핵심변수다. 왜냐하면 정비사업을 추진할 때 다양한 비용이 소요되며, 대부분의 조합이 사업을 처음 추진하기 때문에 전문성이 떨어지는데 이 부분을 채워줄 수 있는 것이 시공사의 역할이기 때문이다.

특히 국내 대형 건설사의 경우 자금력과 이에 대한 정보와 경험을 충분히 보유하고 있어 사실상 조합과 함께 사업을 추진해나갈 수 있다. 어떻게 보면 우리나라 대부분의 개발 사업에서 시공사가 실질적으로 주도적인 역할을 수행하는 구조와 크게 다르지 않다. 따라서 정비사업에 전문적으로 투자하시는 분들도 참여 시공사와 시공사 선정 여부를 제일 먼저 알아본다.

그럼 좋은 시공사가 선정된 정비사업은 문제가 없는가? 결론부터 말하면 시공사가 선정된 정비사업일 경우에도 안심할 수만은 없다. 재개발·재건축 사업의 시공사인 우리나라의 대형 건설사들은 수주와 사업계획 그리고 관리 등에서 현장마다 다르게 판단한다. 쉽게 이야기하면 수주를 하는 사업현장과 매년 수립하는 사업계획에 포함되는 사업현장 그리고 향후 장기적으로 관리하는 사업현장 등 현장마다 사업성에 따라 다르게 평가한다는 말이다. 이를 테면 A등급인 사업장과 C등급인 사업장에 대한 회사의 정책과 판단은 달라진다.

우리나라의 대형 건설사는 자체적으로 리스크 관리 기능을 갖추고 있다. 주택사업의 시행과정에서 수많은 시행착오를 겪었고 이로 인해 주택사업의 과정에서 발생하는 리스크를 꿰고 있으며 사전 검토를 한 후 '수주심의회' 라는 최고경영진이 참여하는 의사결정을 통해 사업 참여를 결정한다. 정비사업의 구역이 지정되면 사전수주심의회가 이루어진다. 이때는 사업개요나 프로젝트의 특성 등 아주 기본적인 검토가 이루어진다. 조합이 설립되면 수주심의회를 개최하여 수주 여부를 확정적으로 판단한다. 이후 가계약이 이루어지고 사업승인 단계에서는 최종적으로 본 계약이 체결된다. 수주심의회는 한 번에 그치는 것이 아니라 계약 단계에서도 심의회에서 다루었던 리스크가 어떻게 관리되고 있는지 피드백함으로서 프로젝트가 종료될 때가지 추적, 관리한다.●

자체적인 리스크 관리 기능을 가진 대형 건설사들은 수주, 사업계획 그리고 관리 등 3가지 단계를 다르게 판단한다. 수주는 했어도 사

● 지소영(2009), "시공사의 주택 재개발, 재건축사업 입찰참여 의사결정 요인에 관한 연구", 건국대학교 석사학위논문

업계획상 당장 추진해야 할 사업과 조금 미루어야 할 사업 등으로 매년 다시 판단을 하고, 최종적으로 관리 단계에서는 가야 할 사업과 중단해야 할 사업을 결정한다. 따라서 시공사가 선정되었다는 것은 현 단계에서 해당 건설사의 전략이 입찰에 참여해서 수주하는 것이 필요하다는 의미라고 보면 된다. 끝까지 조합과 같이 갈 것이라는 크나큰 의미를 부여하는 것은 너무 섣부른 판단이다.

지분제 vs 도급제

건설사들의 재개발·재건축 사업을 수주하는 방식으로는 지분제와 도급제가 있는데 지분제의 경우에는 정말 끝까지 함께 간다는 인식이 있지만 대부분의 수주방식인 도급제의 경우는 단순히 시공만을 담당한다는 의미가 더 크다. 최근 정부에서 추진하는 정비사업 활성화 방안에는 건설사와 조합이 공동으로 시행하는 정비사업(지분제)의 경우 시공사 선정 시기를 현재의 사업시행인가 이후가 아닌 '조합 설립 이후'로 완화해주는 내용이 포함되어 있다. 지분제 방식의 사업은 건설사가 조합과 함께 사업을 책임지고 수행하는 방식이기 때문이다. 이렇게 되면 정비사업 추진 속도도 훨씬 빨라질 것이다.

　예전에 부산의 한 주택재개발조합의 분양가 선정 컨설팅을 수행한 적이 있다. 그 조합의 경우 시공사와 분양가 선정에 따른 갈등이 존재했는데, 시공사는 분양가를 낮추려고 하고, 조합은 분양가를 높여 조합원의 분담금을 낮추길 원했다. 객관적인 입장에서 컨설팅을 수행하면 되지만 그래도 상대 건설사의 생각과 의도를 파악하기 위해 만났더니 사업을 되도록이면 하고 싶지 않다는 의견을 우회적으로 표출하였다. 분양가 선정이 핵심 이슈가 아니고 해당 사업이 타당성이 없어 빨리 철수하고 싶다는 것이 건설사의 숨겨진 의중이었다.

어쨌든 컨설팅은 무사히 끝났지만 나중에 건설사는 2012년 3월 부산에서 추진 중인 12곳의 재개발 사업에서 철수한다는 방침을 정하고 해당 조합에도 공문을 발송했다는 말을 들었다. 당시 그 건설사가 전국에서 수주한 재개발 · 재건축 사업장 중 철수한다는 공문을 발송한 곳이 무려 140여 곳이었다는 이야기를 들을 수 있었다. 상식적으로도 아무리 대형 건설사라고 하지만 주택경기가 불황인 당시에 대부분이 지방인 그 많은 사업장을 모두 수행하기에는 무리였을 것이다.

수주한 정비사업에 대한 건설사의 실제 전략 파악해야

정비사업에 대한 건설사들의 전략은 사업성이 높은 좋은 사업장은 적극 수주하는 경우가 많다. 하지만 요즘 2곳의 대형 건설사가 예전과는 다른 전략을 추구하고 있다. 재개발 · 재건축의 사업성을 판단하기 위해 염두에 두어야 하는 사항이다. S건설의 경우 과거와는 다르게 굉장히 소극적이다. S건설은 2011년부터 1년에 1건의 정비사업만을 수주하더니 현재의 사장이 취임한 이후에는 2015년 12월 서초사옥 주변

단지인 서초 무지개아파트가 마지막으로 입찰에 참여한 단지다. 심지어 입주민이 나서서 수의계약을 해주려는 강남의 재건축사업도 S건설이 거부해서 무산된 적이 있다.

이에 반해 G건설의 경우 굉장히 적극적인 수주 전략으로 경쟁사들을 압도하고 있다. 2015년 기록적인 실적(8조 원 돌파)으로 1위에 올랐던 G건설은 2016년에도 막판에 대규모 재건축사업 2개(부산 삼익비치타운, 서울 방배경남)의 수주에 성공하며 단숨에 2위(약 2조 4,000억 원)를 차지했다. 이러한 수주 성공의 이유로 G건설이 보유한 브랜드의 긍정적인 영향과 함께 S건설의 공백으로 인한 반사 효과를 함께 누린다는 평가다. 물론 수주라는 것이 본인들 마음대로 되지는 않지만 이렇게 건설사들마다 나름대로의 수주전략이 다르다.

S건설의 경우 주택사업에서 철수한다는 말이 나올 정도로 주택사업의 리스크를 크게 보고 있다. 하지만 G건설의 경우는 브랜드 가치가 떨어질 수 있다는 우려에도 사업성이 괜찮다고 판단되는 사업장에서는 적극적으로 나서고 있다. 하지만 부동산 경기가 불황에 접어들거나 회사의 전략이 바뀐다면 수주한 재건축 사업을 모두 수행할 수 없는 경우가 당연히 발생할 수 있다. 이럴 경우 사업장마다 우선순위를 정해 사업을 수행할 가능성이 높고 본인이 투자한 아파트 단지를 G건설에서 어떻게 생각하느냐에 따라 사업성이 달라질 수 있다.

사업시행인가 후 건설사 사업추진 의사 확인 가능

최근 전국의 정비사업이 활황이다. 하지만 지역적으로 보면 그 활황의 정도가 차이난다. 부산은 정점, 대구는 활황, 서울은 개화(開花)라는 표현이 적절할 것 같다. 과거에는 지방의 정비사업에 대해 대형 건설사들이 철수를 검토하는 경우가 많았지만 현재는 꼭 그렇지만은 아닌 것 같다. 과거와는 다르게 지방광역시의 재개발·재건축 사업도 수익성이 있는 곳이 생겨나면서 한계는 있겠지만 지역적으로 크게 차별은 없는 것 같다. 하지만 여전히 사업장별로는 다른 판단과 잣대로 순위를 매기고 있을 것으로 생각된다.

외국의 정비사업은 공공과 민간의 파트너십이 원활하게 구성되어 항상 유기적으로 협력하여 사업을 진행해나가는 점과 제도의 복잡성을 주민과의 지속적인 대화와 설득으로 갈등요인을 제거하며, 금융이나 재정 지원제도가 마련되어 있어 지루하지만 사업추진이 원활한 것으로 알고 있다.● 하지만 우리의 재개발·재건축 사업은 다른 개발사업과 달리 프로젝트의 추진기간이 길고 자주 바뀌는 부동산 정책이나 경기변화에 많은 영향을 받게 되므로, 수주 당시의 상황과 향후 실제 착수 시 차이가 있을 수 있기 때문에 미래의 리스크가 상당하다. 따라서 건설사도 수주한 모든 현장을 동일하게 판단할 수는 없다. 사업시행인가가 나고 본 계약을 추진할 때 건설사들의 본색이 나오게 되며

● 신동수(2010), "주택재개발사업의 추진단계별 상대적 중요성에 관한 연구", 전주대학교 박사학위논문

사업추진 의사가 확인된다.

　몇몇 연구에 의하면 분담금, 임대비율, 금리, 사업기간 등이 입찰참여를 결정하는 중요한 변수라고 알려져 있다.[*] 물론 지역적으로는 서울과 수도권이 여전히 경쟁력이 있다. 하지만 이러한 연구도 입찰참여를 결정하는 기준일 뿐, 추후 본격적인 사업이 진행될 때의 판단기준은 아닐 수 있다. 시공사가 해당 사업현장을 진짜 어떻게 생각하고 있는지가 투자를 결정하는 아주 중요한 기준이 되어야 할 것이다. 물론 이는 공개된 정보는 아니다. 그래서 꿀팁(좋은 정보)이 투자 여부를 판단하는 데 가장 중요하지 않겠는가.

● 김민재(2012), "시공사의 도시재생사업 입찰참여를 위한 의사결정 요인에 관한 연구", 건국대학교 석사학위논문

02
—

입주권을 살까?
분양권을 살까?

입주권과 분양권은 근본적으로는 아파트를 새로 지은 후 들어가 살수 있는 권리로 비슷하게 보이지만 투자자 입장에서는 완전히 다른 판단을 해야 하는 상품이다.

일반적으로 재개발·재건축 사업의 아파트를 매입할 때 2가지 방법이 있는데 입주권과 분양권이 그것이다. 입주권과 분양권은 재개발·재건축이 된 새 아파트에 들어갈 수 있는 권리라는 점에서는 동일하지만 투자방법과 세금 등에서 차이를 보인다. 11·3부동산대책에 따라 입주권에 관심이 높아지는 이유는 분양권 전매제한 규제를 벗어날 수 있기 때문이다.

구분	입주권	분양권
장점	좋은 동, 호수 배정 가능	초기 투자금 부담 적음
투자 시 유의점	저렴하지만 추가 분담금 고려해야	입주권보다 고액, 분양권 전매 시 웃돈 필요
청약통장	무	유
주택 수	포함	불포함
취득세율	4.6%(매입 즉시)	1.1~3.5%(소유권 이전 등기 시)

입주권과 분양권은 투자방법과 세금에서 차이나

입주권은 재개발·재건축 아파트의 조합원의 지위를 말한다. 원 조합원에게 구입해서 얻을 수 있으며(일부 규제지역 제한), 사업 초기에 조합원 자격을 확보할 수 있는 부동산을 보유하고 있는 경우에도 가능하다. 조합원이 되면 좋은 동과 호수를 선점할 수 있고, 일반 분양가와 비교해 저렴한 조합원 분양가를 적용받는 혜택이 있다. 재개발·재건축 사업의 성공 여부가 결정되는 일반 분양시기가 다가올수록 조합원 입주권에 프리미엄이 붙으면서 일반 분양분보다 시세차익이 늘어난다.

하지만 입주권의 가격이 분양권보다 높은 경우도 있었다. 강남 재건축 아파트의 경우 입주권이 분양권보다 높은 경우가 있었다. 물론 일반 분양분과 달리 조합원 입주권의 경우 한강 조망이 되기 때문에 싸다, 비싸다의 판단 기준이 달라질 수 있다. 즉 강남 재건축 아파트와 같이 고가 아파트는 조망과 층에 따른 가격 차이가 일반 아파트에 비해 크기 때문에 조합원 입주권이 일반 분양분보다 더 가격이 높을

〈입주권의 권리발생 시기〉

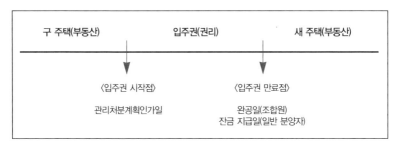

수가 있다.

분양권은 관리처분계획 인가 후에 조합원 몫 외의 물량을 분양받은 사람이 갖게 되는 권리다. 입주권에 비해 동과 층에서 상대적으로 좋지 않은 물건일 경우가 많다. 직접 청약을 통해 당첨될 수도 있고 분양받은 사람의 권리를 매입할 수도 있다. 직접 청약을 하게 되면 프리미엄을 주고 살 필요가 없지만 당첨 확률이 떨어진다. 최근 분양권 거래가 활발하면서 당첨된 수분양자의 분양권을 구입하는 경우도 늘고 있다. 2016년 전체 거래에서 분양권 거래가 차지하는 비중은 32.3%에 이른다. 2015년(16.9%)에 비해 2배 가까이 늘어난 수치다. 경기 지역이 분양권 거래가 가장 많았고 부산이 다음이다.

초기 투자금이 많이 들고 추가 비용도 발생 가능한 입주권

언뜻 입주권이 훨씬 더 유리한 것으로 보인다. 가격도 저렴하고 좋은 물건을 선택할 수 있기 때문이다. 하지만 입주권의 가장 큰 리스크는 추가 비용이다. 조합원은 재개발·재건축이라는 사업의 시행주체다. 따라서 사업이 지연되거나 시공비가 오르거나 주택경기가 나빠져 일반 분양이 잘되지 않으면 이러한 사업 리스크를 떠안아야 한다. 지금은 분양시장이 나쁘지 않아 이런 문제가 발생하지 않지만 2~3년 전만해도 추가 분담금 갈등이 심각했다. 2014년 강남구청의 '개포 저층 3개 단지 추가 분담금 분석' 자료에 의하면 3개 사업장의 재건축 공사비가 채 2년도 못되어 10% 가까이 급등했음을 지적하고 있다. 적게는 수천만 원 많게는 1억 원 이상 올라 추가 분담금이 폭탄 수준이었다.

세금도 분양권에 비해 부담된다. 입주권은 세법상 주택으로 취급되기에 구입하는 즉시 취득세를 내야 한다. 관리처분인가 후에는 기존 집은 철거되니 토지만 남는다. 따라서 입주권에는 4.6%의 토지분 취득세가 적용된다. 또한 양도소득세 1가구 1주택 비과세 혜택에서도 제외된다. 하지만 분양권은 소유권이전등기를 하기 전까지는 주택으로 간주되지 않는다. 따라서 유주택자라도 분양권 매입으로 다주택자가 되지 않는다. 취득세도 등기 후 내면 된다. 세율 또한 주택에 부과되는 1.1~3.5%만 내면 된다.

초기에 투자금액이 많은 것도 단점이다. 입주권은 조합원의 권리가액이 추가 분담금에 프리미엄을 더한 금액으로 거래된다. 일반 부동산 거래이기 때문에 계약 후 1~2개월 내 잔금을 지급해야 한다. 수억원의 자금이 단기에 들어간다. 분양권이 계약금(10%)만 납부하면 중도

〈입주권과 분양권의 세금비교〉

구분	입주권	분양권
주택 수 포함 여부	주택 수에 포함	주택 수에 포함되지 않음 (완공 후 잔금 낸 뒤 주택 전환)
취득 비용	토지 분 취득세(4.6%)	별도 비용 없음 (건설사에서 당첨자 명의변경)
양도세 비과세 여부	비과세 혜택 가능 (관리처분계획 인가일 현재 2년 이상 보유(일부 규제지역 2년 이상 거주)하고 1주택(일시적2주택 포함)인 경우)	비과세 혜택 없음 (주택이 아니므로)
장기보유 특별공제 (일부 규제지역 제외)	다주택자까지 혜택 받음 (매도 시까지가 아닌 관리처분계획 인가일까지의 양도차익에 대해서만 적용)	혜택 없음
보유기간 산정방식	원조합원 : 재개발·재건축 전 취득일~양도일 승계조합원 : 입주권 취득일~양도일	계약일부터 양도일까지를 보유기간으로 산정

금 집단대출을 통해 잔금 때까지 추가비용을 내지 않는 것과는 천지
차이다.

　입주권과 분양권은 이렇게 투자에 있어 다른 판단을 하게 만든다.
초기 투자자금을 어느 정도 보유하고 있는지, 투자자가 부담할 리스
크를 어떻게 평가하는지 등으로 판단해야 한다. 하지만 입주권을 선
택하든 분양권을 선택하든 이는 투자수단의 선택일 따름이다. 가장
중요한 것은 투자대상 물건이다. 좋은 재개발·재건축 사업 단지가
있다면 입주권을 구입하던 분양권을 매입하던 큰 차이가 없다.

03

재개발 · 재건축에 적용되는
특별한 세금

'이 세상에서 죽음과 세금을 제외하면 아무것도 분명한 것은 없다.' 벤저민 프랭클린의 말이다. 이 말은 세금은 반드시 내야 하고 피해갈 수 없다는 뜻이기도 하다. 부동산을 거래하고 보유함에 있어서 세금은 필수불가결한 것이다. 재개발 · 재건축 구역에서는 진행 단계별로 적용되는 특별한 세금이 있다. 단계별로 보면 매수할 때 취득세 부분은 다른 일반 거래와 동일하게 적용된다. 그런데 관리처분인가 후부터는 나대지도 주택으로 봐서 양도세 적용 시에 주택 수에 들어가고 취득세 적용은 나대지로 한다. 예를 들면 1세대 1주택 비과세 혜택을 받기 위해서 재개발 · 재건축 구역에 나대지를 매수한 후 관리처분인가를 받게 되었고, 그 이후 살고 있던 1주택을 비과세라 생각하고 매도한 후 양도세 신고를 하지 않고 있다가 갑자기 청천벽력 같은 국세청의 통지를 받는 경우가 있다. 나대지는 주택이 아니므로 입주 시까지 주택 수에 들어가지 않는다고 생각하면 양도세 신고 시 큰 착오를 범할 수 있다.

관리처분인가 후 주택도 나대지 취득세 적용

주택 또한 관리처분인가 후부터 주택이 멸실된다고 보고, 주택을 나대지 취득세를 적용하여 부과한다. 관리처분인가 후 주택 매수자는 취득세 부분을 간과해서는 안 된다. 취득세가 상당한 금액의 차이가 나기 때문이다. 취득세는 지방세라 지자체에 따라 조금씩 다르게 적용할 때도 있지만 도시및주거환경정비법에서 관리처분인가 후부터는 주택도 나대지로 보기 때문에 나대지 취득세를 적용한다. 주택인 경우, 관리처분인가 후부터 이주가 시작되는데 어떤 지자체에서는 이사를 하지 않고 전기, 수도를 사용하고 있으면 주택으로 봐서 취득세를 주택에 적용시키고, 이사를 한 후 전기, 수도를 완전히 끊었을 때 그때부터 나대지로 봐서 취득세를 나대지로 적용시키는 경우도 있다.

양도세는 국세이고 취득세는 지방세이기 때문에 세법 적용이 각각 다르다. 관리처분인가 후 양도세 측면에서는 건물을 철거하고 건축 중인 공사기간 동안에도 주택으로 본다. 앞서 언급했듯이 나대지도 당연히 주택으로 본다. 취득세 측면에서는 주택을 철거하고 없기 때문에 나대지로 봐서 취득세를 나대지로 적용한다. 재개발·재건축구

구주택 보유 (부동산)	멸실 상태 (권리)			새 주택 완공 (부동산)	
구분	취득시	양도시	증여시	취득시	양도시
일반 부동산으로 과세	입주권 취득시기 판정에 유의	입주권 비과세와 과세 구분	프리미엄 과세에 유의	조합원 및 분양자의 취득시기와 취득가액에 유의	비과세 방법과 과세 시 계산요령 숙지

역의 물건을 거래하거나 보유 시 이 부분을 반드시 확인해야 한다. 세금 차이가 많이 나므로 수익률에도 영향을 미칠 수 있기 때문이다.

대체주택 취득으로 인한 비과세 혜택 살펴야

재개발·재건축 조합원은 관리처분인가 후 이주를 해야 하는데 이주해야 할 새로운 주택을 전세로 구입할 경우는 세금과 상관없지만, 매수할 시 1세대 2주택자가 된다. 양도세에서 일시적 2주택이라는 혜택이 있는데 이는 모든 국민에게 적용되는 것이고, 재개발·재건축 구역에만 적용되는 세법이 따로 있다. 조합원이 개발을 위해 불가피하게 이주를 해야 하므로 다음과 같은 조건을 충족했을 때 1세대 1주택 비과세 혜택을 볼 수 있다.

첫째, 재개발·재건축 사업에서 철거 때문에 불가피하게 다른 집, 즉 대체주택을 구입했다는 것을 인정받기 위해선 사업시행인가일 이후 대체주택을 취득하고 1년 이상 거주해야 한다. 둘째, 재개발 · 재건축 주택 완공 전 또는 완공 후 2년 이내에 새로 구입한 대체주택을 팔고 재개발 · 재건축 주택 완공 후 2년 이내 재개발주택으로 세대 전원이 이사하고 1년 이상 거주한 경우에 대체주택이 보유(또는 거주)기간 2년을 충족하지 못한 경우라도 비과세가 가능하다. 셋째, 대체주택은 사업시행인가로 인해 불가피하게 주거지를 옮겨야 하는 이유에서 취득하는 것이므로 반드시 사업시행인가를 받은 이후에 취득하여야 한다. 넷째, 대체주택은 재개발 사업의 시행으로 인한 이사를 위해 취득하는 주택이므로 반드시 세대 전원이 1년 이상 거주를 해야 한다. 1년 이상 거주 후에는 조합원 아파트가 준공되었을 때 세대 전원이 다시 조합원 아파트에 전입해서 1년 이상 거주해야 한다.

이 대체주택은 조합원 아파트가 준공되기 전에 양도할 수도 있고, 그 이후에 양도할 수도 있는데 준공 이후 양도할 경우에는 2년 내에 양도해야 비과세를 받을 수 있다. 사업시행인가 이전에 사업시행인가를 예측하고 주택을 취득하였다면 이 주택은 대체주택으로 인정받을 수 없다. 계약은 사업시행인가 전에 했더라도 등기나 잔금을 반드시

〈대체주택 비과세 조건〉

사업진행단계	사업시행인가	사업시행인가 후	재건축 완공
대체주택	취득	취득	완공 전, 후 2년 이내 대체주택 양도
기간		대체주택 1년 이상 거주	완공 후 1년 이상 세대전원 새 아파트 거주
과세여부	과세		비과세

* 이주 시 전세대원 거주요건 추가

사업시행인가 후에 해야 혜택을 볼 수 있다.

조합원이 이주를 할 때 1세대 2주택의 양도세 부담 때문에 주택을 매수하지 않고 임대로 가는 경우도 있다. 하지만 법은 합리적이다. 대체주택 제도를 도입해 개발 때문에 불가피하게 이주를 해야 하는 상황을 고려하여 일시적 2주택의 효과를 볼 수 있도록 하였다. 이 제도를 잘 활용하면 이주 시 주택구입에 많은 도움이 될 것이다.

04

재건축초과이익환수제의 부활

재개발·재건축이 대세다. 서울은 90% 가까운 분양물량이 재개발·재건축 사업으로 공급되며, 지방의 대도시들도 이 비중은 40~50%에 가깝다. 이제 대도시 도심에서 아파트를 공급하기 위해서는 재개발·재건축 사업이 아니고서는 불가능하다. 정부 정책의 기조 또한 마찬가지다. 더 이상 택지개발을 하지 않겠다고 하니 대규모로 아파트를 공급하는 개발사업 방식으로는 재개발·재건축 사업이 답이다.

재개발·재건축 사업에 정통하기 위해서는 법률적 지식이 요구된다. 대부분이 규제이기 때문이다. 최근 재개발·재건축 사업의 물꼬를 트게 만들었던 '재건축 가능 연한 상한 기준 단축'도 30년이 안된 아파트에는 규제일 따름이다. 재개발·재건축시장을 뒤흔들 심각한 규제 폭탄이 2017년 말에 떨어질 듯하다. 바로 '재건축초과이익환수에 관한 법률'이다. 재개발·재건축 사업을 대세로 만들었던 이유는 규제보다는 규제 완화로 인한 혜택이었다. 하지만 이 법은 명백한 규제 법률이다.

분양가상한제 폐지와 재건축 가능 연한 단축은 긍정적 변수

재개발·재건축 사업이 대세로 자리 잡는 데는 2가지 완화 법률이 기여한 바가 크다. 분양가상한제 탄력 적용과 재건축 가능연한 상한기준을 40년에서 30년으로 단축한 것이다. 분양가상한제를 실질적으로 폐지한 이후 분양가는 적게는 5% 많게는 10% 정도 올랐다. 올라간 분양가격은 재개발·재건축 사업의 일반 분양가격을 높일 수 있는 근거가 되었고 분양 또한 잘되었다. 재개발·재건축 사업의 사업성이 획기적으로 개선된 것이다.

재건축 가능 연한 단축도 긍정적이다. 우리나라 아파트는 단기간에 대규모로 지어졌다. 국토부의 자료에 의하면 2013년 현재 전체 분양주택에서 21년 이상된 공동주택의 비중은 23.5%나 된다. 대략 25년 내외의 아파트가 가장 많다. 1988년 발표한 주택 200만 호 건설계획 때문이다. 이 대규모의 아파트들이 새로운 옷으로 갈아입기에 40년은 좀 멀지만 30년은 얼마 남지 않아 기다릴 만하다. 1기 신도시의 리모델링 사업 조합들이 재건축 추진위원회로 탈바꿈하는 가장 큰 이유다.

하지만 '재건축초과이익환수제'는 재개발·재건축 사업으로 인해 발생하는 이익의 일정 부분을 환수하는 것으로 부동산시장에 부정적인 영향을 미칠 수밖에 없는 규제 법률이다. 재건축초과이익환수제는 재건축 추진위원회 설립 승인일로부터 재건축 준공까지 조합원 1인당 평균 이익이 3,000만 원이 넘을 경우 초과금액의 최고 50%를 부담금으로 내야 한다. 이 제도가 도입된 시점은 2006년으로 당시에는 아파트 매매가격 상승률이 30%에 가까웠던 부동산 호황기였다. 2012년까지 부과하다 2013년부터 유예하였고 그게 2017년이면 끝이 난다. 규제 법률이지만 현재의 재개발·재건축 사업을 부추긴다는 주장도 나온다. 재개발·재건축 사업을 추진하는 단지 입장에서는 개발이익 환수를 피해야 하니 서두를 수밖에 없다. 2017년 12월 말까지 관리처분 총회 인가신청을 한 조합의 경우 그 대상에서 벗어나기 때문이다.

재건축초과이익환수제 부활로 재건축 사업성 떨어져

재건축초과이익환수제가 부활하면 어떤 영향이 있을까?

2017년까지 관리처분총회 인가신청을 하지 못하면 조합원의 부담금이 늘어나면서 사업성이 떨어진다. 조합 입장에서는 서두를 수밖에 없다. 서울에서 조합설립인가를 받거나 사업시행인가를 받아 2017년 관리처분을 앞두고 있는 단지는 총 35곳, 3만 7,512가구인 것으로 집계되었다. 특히 가격 상승폭이 커 초과이익환수제를 피해갈 수 없는 강남4구의 재건축단지는 25곳 3만 4,488가구로 전체의 90%가 넘는

〈2016년 서울 아파트 매매가격 상승률 상위 구〉

구분	양천구	강남구	강서구	서초구	강동구
상승률	11.69%	11.06%	9.83%	9.55%	8.51%

* 부동산114

것으로 분석되었다.●

　현재 재개발·재건축 사업을 본격적으로 추진 중인 단지들이 아니면 이 규제의 영향권을 벗어나긴 어렵다. 따라서 그 동안 강남 재건축사업의 풍선효과를 만끽하던 여의도, 목동 등의 아파트 단지들은 재건축초과이익환수제의 대상이 될 것이다. 2016년 여의도의 재건축대상 아파트 가격상승률은 15.72%였으며, 목동이 포함된 양천구의 전체 아파트 매매가격 상승률은 11.69%로 강남(11.06%)보다도 높았다.

　아직 본격적으로 재건축초과이익환수제가 실시되지도 않았는데 이의 부정적인 영향을 너무 과다하게 평가하는 듯하다. 폭풍전야라는 말도 있는데 폭풍이 오지도 않았는데 고요하기는커녕 너무 시끄러운 것은 아닌가싶다. 부동산시장의 규제 정책은 대세 상승기에는 그리 큰 효과가 없다. 심지어 '규제 3개월 효과'라는 말까지 있는데, 이는 규제정책이 발표되면 그 영향이 3개월 정도 지속된다는 말이다. 조금 더 냉정하고 현실적인 판단이 필요한 부분이다.

● 〈글로벌이코노믹〉, '리셋코리아2017' 분양시장, 재개발·재건축 주도, 재건축초과이익환수제 피하자 특명, 2017년 1월 1일

초과이익을 정확하게 계산한 후 투자를 결정하자

재건축초과이익은 준공 시 환수한다. 따라서 정말 지금부터 걱정할 필요는 없다. 심지어 여의도, 목동과 같이 10년 이상이 걸릴지도 모르는 재건축 예정 단지들의 경우는 이 법의 적용을 받을지 않을지 예측하기도 힘들다. 이 법의 적용을 받을지의 여부를 예측하는 것은 앞으로 부동산시장이 어떻게 될지를 예측하는 것만큼이나 어렵다. 따라서 현재 강남 재건축 규제의 풍선효과를 누리는 단지들은 이 법의 적용 여부를 너무 심각하게 받아들이지 않는 것이 좋다.

초과이익이 많지 않은 경우는 큰 걱정을 하지 않아도 된다. 이 초과이익을 계산하는 방법은 좀 복잡하지만 간단하게 정리하면 종료시점(준공일)의 주택가액에서 개시시점(조합추진위 승인일)의 주택가액을 빼면 된다. 하지만 여기에 부과기간 동안 정상주택가격 상승분과 개발비용 등을 제외하고 계산해야 한다. 초과이익을 계산하는데 핵심요소 중 하나인 정상 주택 가격 상승분은 정기예금이자율과 시, 군, 구 평균 주택가격 상승률 중 높은 가격으로 계산한다. 대도시 분양물량의 대부분이 재건축사업으로 이루어지는 현재의 상황에서, 특정 구의 평균 주택가격은 재건축단지의 주택가격 상승과 크게 다르지는 않을 것이다. 즉 초과이익이 그렇게 많지 않을 수도 있다는 말이다.

실제로 이 제도가 적용된 5개 단지를 살펴보면 부담금은 33만에서 5,544만 원에 그치는 것으로 나타났다. 과거 초과이익 환수금을 부담한 단지들은 모두 조합원 수가 수십 명에 불과한 연립주택들이다. 법

〈재건축초과이익환수제 적용단지 현황〉

단지	위치	조합원	준공시점	부과시점	조합부과금액	조합원 1인당 평균부과액
정풍연립	중랑구 묵동	20명	2008년 9월	2010년 1월	2,887만 5,000원	144만 4,000원
우성연립	중랑구 면목동	15명	2009년 2월	2010년 1월	5,276만 9,000원	351만 8,000원
이화연립	송파구 풍남동	29명	2010년 10월	2011년 10월	981만 원	33만 8,000원
한남연립	용산구 한남동	31명	2011년 12월	2012년 9월	17억 1,872만 7000원	5,544만 3,000원
두산연립	강남구 청담동	68명	2010년 1월	2014년 12월	4억 3,100만 원	633만 8,000원

* 국토부

이 도입될 때는 서울 강남권 대단지 아파트를 겨냥했는데 제도가 유예되면서 규모가 크지 않아 상대적으로 사업을 빠르게 진행할 수 있었던 곳들만 적용이 된 것이다.

재건축초과이익에 예민하게 반응할 필요는 없어

또한 환수액은 양도세 필요경비로 인정받을 수 있다. 재건축 아파트 투자자들의 상당수가 다주택자로서 양도세를 부담하는 경우가 많다. 따라서 양도세를 선불한 효과에 그칠 수 있는 초과이익에 대해 너무 예민하게 반응할 필요는 없다. 특히 서울과 부산의 핵심지역의 경우 매도자가 환수액 만큼의 매매가격을 매수자에게 전가시키는 현상도 발생할 수 있다. 불법이긴 하지만 지금도 양도세를 매수자에게 전가시키는 핵심지역이 꽤 있는 것으로 알고 있다. 이런 지역과 일반 지역 간 재건축 아파트 가격 간 차이는 더 크게 벌어질 것이다. 이른바 재건축 단지 간 차별화 현상이다. 계산이 복잡하여 최종 환수액이 어느 정도가 될지 측정하기 어렵고 논쟁의 소지 또한 많을 것으로 보인다.

사업추진이 늦은 조합들의 경우 물리적 시간이 부족하다. 이 틈새를 신탁대행방식이 끼어들고 있다. 신탁대행방식으로 사업을 추진하면 재건축 절차가 5단계에서 3단계로 대폭 간소화되어 기존 조합 방식보다 빠른 사업추진이 가능하다. 이미 서울과 수도권의 몇몇 아파트가 신탁사가 단독시행자로 재건축사업을 이끌고 있다.

하지만 아무리 사업절차가 간소화된다 하지만 초과이익환수제 부활을 1년 남짓 앞둔 현 시점에서는 물리적인 한계가 농후하다. 성공 사례가 전무하다는 점 또한 신탁대행방식이 그렇게 매력적이게 보이지는 않는다. 전 재산이 걸린 조합원들도 많은데 아무도 걷지 않은 길을 걸으려고 하겠는가. 신탁수수료 또한 사업성을 저해한다. 통상 1~2%의 신탁수수료도 만만찮다. 공사비를 얼마만큼 절감할 수 있을지가 신탁대행방식의 확산에 가장 중요한 변수가 될 것이다.

하지만 이도 '재건축초과이익환수에 관한 법률' 개정안이 2017년 3월 국회 본회의를 통과하면서 불투명해졌다. 이 개정안에 따르면 신탁방식 재건축도 초과이익 부담금을 물도록 했기 때문이다.

05
—
비상대책위원회는
필요악인가?

정치권에만 있는 줄 알았던 비상대책위원회가 부동산 업계에도 존재한다. 재개발·재건축 사업이 지지부진한 곳을 보면 영락없이 비상대책위원회가 활동하고 있다. 비상대책위원회가 존재하지만 조합의 업무가 잘 진행되는 곳도 있지만 그렇지 않은 곳도 꽤 된다. 비상대책위원회는 조합의 상황이 비상인 경우에 설립하는 것이지만 실제로는 조합에 무조건적으로 반대하는 사람들의 모임인 경우도 있다.

긍정적 측면도 있으나 사업추진을 방해할 수도

비상대책위원회는 모든 사안에서 설립될 수 있다. 재개발·재건축

사업의 비상대책위원회는 조합의 의사결정에 따르는 문제점을 지적하거나 바로잡기 위한 목적으로 설립되는 임시조직이다. 재개발·재건축 사업이란 것이 시간도 많이 걸리고 그 과정에서 여러 우여곡절을 겪게 된다. 처음에는 조합의 집행부가 순수한 마음으로 일을 열심히 하지만 건설회사 등 수많은 유관업체들과 만나다 보면 처음의 생각이 바뀌어 각종 이권이나 부조리에 빠지게 되고 사업은 계획과는 다른 방향으로 흐른다. 결국 조합원의 분양가 인상이나 무상부분 축소, 추가부담금 증가 등등 사업에 악영향을 끼치는 결과들이 도출된다. 이에 대한 반발로 일부 동 대표나 여타 조합원들이 기존의 조합에 반발하여 새로운 조직을 구성하여 맞서게 되는데, 이미 설립인가를 받은 조합이 있기에 통상 비상대책위원회, 속칭 비대위라고 활동하게 된다.

비대위는 얼마나 조합원의 동의와 지지를 받느냐에 따라 막강한 힘을 발휘하거나 유명무실하게 되어 없어지기도 한다. 조합에 반대한다는 명분으로 만들어졌지만 실제적으로는 조합의 필요에 의해 활동하거나 오히려 조합을 지원하는 짝퉁 비대위도 있다. 조합의 문제점이 사라지더라도 비대위가 계속 존속하는 경우도 많다. 지속적으로 조합의 문제점을 지적하고 조정하며 반대되는 의견들을 결집시키는 역할을 한다. 비대위가 제대로 활동하면 조합의 업무가 투명해지고 건전하게 되기도 하지만 사사건건 조합의 업무를 방해하고 반대를 위한 비대위가 구성되면 재개발·재건축 사업이 제대로 진행되지 않을 수도 있다. 송파구에 위치한 가락시영아파트 재건축단지가 대표적인 예다.

비대위 활동 여부도 투자에 중요한 변수

2003년 창립총회를 시작으로 야심차게 재건축사업을 진행한 이 단지는 1980년 초 저소득층의 주거안정을 위해 건립한 6,600세대의 아파트 단지에서, 2018년 12월 입주예정으로 최고 35층, 84개동, 총 9,510세대로 탈바꿈한다. 33평의 분양가는 8억 중후반 대였으나 2017년 3월 현재는 10억 원에 육박한다. 하지만 가락시영아파트는 조합이 설립되기도 전에 12개의 추진위원회가 존재했으며, 조합 설립 이후에도 9개의 비상대책위원회가 활동했다. 그러니 당연하게 재건축사업은 지연되고 사업비 지출이 늘어나 사업성이 떨어지는 결과를 초래했다.

그래도 가락시영아파트는 10년 이상 지연된 사업장으로는 괜찮은 결과가 나왔다. 조합원 분양가와 일반 분양가가 평당 500만 원 차이가 났고 일반 분양이 모두 완판되는 기록을 세워 처음 제시받았던 무상지분율에는 못하겠지만 일반 분양분도 프리미엄이 발생해 오른 가격대로 거래가 이루어지고 있다.

따라서 재건축사업에 투자할 때는 사업진행 현황과 함께 조합원들 간의 갈등을 파악해야 한다. 처음에는 이런 문제가 발생하지 않다 나중에 생기는 경우도 있기 때문에 조합의 업무처리방식 등도 살펴볼 필요가 있다. 조합원 수가 너무 많거나 당시까지 추진한 사업의 경과 기간이 너무 오래된 곳은 투자를 피하는 것이 좋다.

재건축사업의 갈등영향을 분석한 연구에 의하면 '조합 내부 마찰'은 주로 사업시행인가나 관리처분계획 단계에서 발생하는 경우가 많다.● 따라서 어느 단계에서 조합 내부 마찰이 다수 발생하는지를 파악하여 투자 시 고려하거나 피할 수 있는 방안을 모색하는 것이 필요하다.

● 배수범·이로나·이학기, "공동주택 재건축사업의 갈등영향분석에 관한 연구", 대한건축학회지, 2008

06
—

재개발 · 재건축
VS
택지개발사업

재개발 · 재건축 사업의 대척점에는 택지개발사업이 있다. 대척점이란 한 지점과 180도 반대방향에 있는 지점을 가리킨다. 정반대이지만 모든 방향에서 도달할 수 있어 거리가 먼데도 불구하고 전파의 수신이 잘된다는 공학계의 '대척점 효과'란 말도 있다. 오히려 반대속성을 가지고 있으면 더 잘 통하는 건가. 재개발 · 재건축 사업의 경우 대척점에 있는 택지개발사업을 통해 그 의미를 더욱 명확히 할 수 있다.

개발된 택지로 아파트 사업을 하는 경우 기존에 하나로 된 권리를 쪼개서 팔게 된다. 쪼개서 파는 것은 그 권리를 사겠다는 사람들이 있으면 그렇게 어렵지 않다. 법률적인 규제를 지키면서 실무적인 절차에 따라 시행하면 된다. 주택 수요자들이 선호하는 지역이면 사겠다는 사람이 오히려 줄을 설 것이다. 선분양제도 하에서는 이런 사람들을 어떻게 선별하는지가 오히려 중요하다. 청약제도가 꽤 복잡해지는 이유다.

하지만 재개발·재건축 사업은 나누어져 있는 권리를 조합이라는 형태로 하나로 합치는 것이다. 차후에 일반인을 대상으로 분양이라는 절차를 통해 쪼개기는 하지만 일단 모든 권리는 하나로 합쳐진다. 권리를 합치는 이유는 사업을 추진하기 쉽게 만들기 위해서다. 권리가 수백 명, 수천 명에게 나누어져 있으면 의견을 모으는데 너무 많은 시간이 걸린다. 그리고 아무리 좋은 방향이라도 꼭 반대하는 사람들이 있기 마련이다. 이러한 시간의 손실을 줄이려면 권리를 합쳐서 의사결정의 기준을 정해놓는 것이 좋다. 권리를 쪼개는 것에 비해, 합치는 것은 쉽지 않다. 100% 동의란 불가능하다. 따라서 재개발·재건축 사업은 시간과의 싸움이다. 사업이 가능한 상태로 되기 위해서는 많은 시간과 노력이 필요할 수밖에 없다.

재개발·재건축은 권리를 합치고, 택지개발은 권리를 나누는 사업

일본의 경우 1970년대 초부터 재건축이 시작되었는데 법이 미비하여 소유자 전원의 합의가 없으면 재건축을 할 수 없었다. 1983년 5월 구분소유법이 개정되어 노후, 손상, 멸실 그 밖의 사유에 의해 건물이 그 기능을 회복하거나 유지하는데 과다한 비용이 소요되면 소유자 4/5 이상의 동의로 재건축 결의를 할 수 있게 되었다. 이 동의요건도

〈재개발·재건축 사업과 택지개발사업 비교〉

구분	재개발·재건축 사업	택지개발사업
시행주체	민간(조합)	정부 또는 공공기관
시행방법	동의	협의(수용)
권리변경	합친 후 분리	분리 후 합침
소요기간	장기	단기

2/3로 완화되었다. 하지만 부지의 효용 증대에 근거를 둔 재건축은 여전히 전원 합의가 요구되기 때문에 현실적으로 재건축이 쉽지 않다. 이는 유럽 등의 여타 국가에서도 비슷하다. 유럽은 아예 건물을 부술 수가 없다. 권리를 합치는 사업에 관한 한 외국은 거의 불가능하다. 도심을 재개발한 일본의 록본기힐스(Roppongi Hills)의 경우 협의에만 17년이 소요된 것으로 알려졌다. 2014년 자료이지만 일본에서는 맨션 재건축 사업이 완료된 건수가 199건(약 1만 6,000호)에 그친다.

재개발·재건축의 조합원과 택지개발을 통해 아파트를 분양받은 수분양자 모두 채무자다. 하지만 이 두 채무자의 책임은 좀 다르다. 조합원은 무한책임사원이며, 수분양자는 유한책임사원이다. 재개발·재건축 사업이 끝나면 조합원은 추가 분담금을 부담해야 한다. 사업 초기에도 대략적인 분담금의 규모는 나오지만 이는 예측일 뿐이다. 분담금은 때와 횟수의 제한이 없다. 심지어 아파트 단지가 준공을 했고 입주가 시작되었음에도 불구하고 분담금이 확정되지 않은 경우도 있다. 성북구 돈암동의 돈암코오롱하늘채의 경우도 추가 분담금 협의가 이루어지지 않아 새 아파트 입주 과정이 순조롭지 않았다. 시공사인 코오롱글로벌은 현관에 출입통제장치까지 설치했었다. 택지 개발의 경우 이미 확정된 금액으로 공급되니 이를 가지고 분양하는 사업자 입장에서도 확정된 금액을 이야기할 수 있다. 주변 여건 또한 개발 사업을 진행하기에 큰 무리가 없다. 하지만 이제 사업을 시작하는 재개발·재건축의 경우에는 확정된 금액을 예상하기가 쉽지 않다.

조합원은 무한책임, 수분양자는 유한책임

물론 조합과 시공사가 협상을 통해 추가분담금 문제를 원만하게 해결한 경우도 많다. 2016년 초에 입주한 영등포구 신길11구역 재개발아파트인 래미안프레비뉴의 경우 추가 분담금을 40% 낮춰주고 납부기한도 연장해줘 입주가 잘 이루어졌다.

재개발·재건축 사업에 투자할 경우 2가지 방법이 있다. 조합원 물건을 구입하거나 일반 분양분을 살 수도 있다(일부 규제지역 제한). 하지만 조합원 물건을 구입할 경우 필히 부담금이 어느 정도인지를 예측해봐야 하고 사업진행 속도에 따라 다르겠지만 10년이 걸릴지도 모른다는 각오를 해야 한다. 일반 분양분의 경우는 언제쯤 입주할지가 예측가능하나 조합원 물건을 사업 초기단계에서 구입할 경우 이를 예측하기는 힘들다.

재개발·재건축은 사업이다. 조합원들이 개발사업의 주체가 되어 아파트를 짓는 비즈니스다. 지역주택조합과 다른 점은 그나마 토지가 확보되어 있다는 점이다. 하지만 토지확보 외에도 개발 사업은 지난한 과정을 거친다. 이 과정을 한 번도 경험해본 적이 없는 조합 집행부에서 성공적으로 추진한다는 것은 쉬운 일이 아니다. 힘들고 어려운 일의 연속이다. 따라서 재개발·재건축에 투자할 때는 내가 주체가 되어 비즈니스를 한다는 입장에서 접근하는 것이 필요하다.

따라서 대단지의 재건축 아파트가 항상 좋은 것만은 아니다. 사업성이 좋다면 굳이 일반 분양가를 그렇게 올릴 필요가 없었을 것이다. 조합원 분양가 또한 매력적이지 않다. 이는 대단지라고 해서 재건축 아파트의 사업성이 꼭 좋지는 않다는 것을 방증한다. 양극화와 고령화시대에는 오히려 적정 규모의 아파트 사업이 더 뛰어날 수 있다. 대표적인 사례가 반포현대아파트다. 서울 서초구 아파트 지구 내 가장 작은 단지인 반포현대아파트가 재건축에 속도를 내고 있다. 2017년 2월 서울시 심의를 통과한데 이어 녹지비율 조정으로 세대수 확대(80가구→107가구)까지 가능해진 상태다. 규모가 크지 않지만 위험요인이 적어 사업성이 높은 곳으로 꼽힌다.

재개발·재건축에는 두 그룹이 존재한다. 채권자 그룹과 채무자 그룹이다. 건설사, 은행 등 사업을 추진하는데 필요한 용역을 수행하는 채권자 그룹과 개별 조합원인 채무자 그룹이다. 어떤 사업장의 경우 조합마저도 채권자 그룹에 속한다. 재개발·재건축 조합의 비리는 어제 오늘의 일이 아니다. 국토부가 2016년 11월부터 2개월 동안 강남 4개구(강남, 서초, 송파, 강동구) 8개 재건축 조합의 운영 실태를 서울시와 합동 점검한 결과 총 124건의 부정사례가 적발되었다. 개별 조합원은 외로운 싸움을 해야 한다. 온갖 용역계약을 통해 사업비를 부풀리려는 채권자 그룹과 심지어 본인이 속한 조합과도 힘겨운 투쟁을 해야 한다. 이는 재개발·재건축이 가진 사업의 속성에 기인한다. 안타까운 것은 아직도 조합원 물건을 매입하면서 분양권을 사는 것과 같지 않느냐고 묻는 투자자들이 있다는 것이다.

07

시공사가
중요한 이유

8·2부동산대책은 대출규제와 전매제한이 주요 골자다. 과거 조정대상지역에다가 투기(과열)지구를 더하여 전매제한의 기간을 늘리고 LTV, DTI도 일괄적으로 하향조정하였다. 물론 재개발·재건축에 초점을 맞춘 규제다.

대출을 규제하면 어떤 문제가 발생할까. 금융회사에서 쉽게 자금을 빌려주지 않기 때문에 건설사(시공사)의 신용도에 대한 의존이 커지게 된다. 우리나라 개발사업의 특성상 건설사를 제외한 나머지 참여자들은 신용도가 높지 않다. 조합도 마찬가지다. 조합원은 토지나 건물을 소유한 주체이나 대부분이 담보대출이나 전세임차계약 등으로 인해 실제로 보유한 순자산은 크지 않다.

일반 아파트사업과는 다르게 주거선호지역의 재개발·재건축 사업

〈2016년 시공능력 평가액 상위 10개사 현황〉

순위	상호	평가액	순위	상호	평가액
1	삼성물산	193,762	6	GS건설	73,124
2	현대건설	132,774	7	현대엔지니어링	63,578
3	포스코건설	99,732	8	롯데건설	53,105
4	대우건설	94,893	9	에스케이건설	50,994
5	대림산업	80,763	10	현대산업개발	48,625

* 국토부

은 대형 건설사가 시공사로 선정되는 경우가 압도적이다. 조합원은 대형 건설사가 참여한다면 신용도에서는 큰 문제가 없을 것으로 생각하기 쉽다. 하지만 최근에는 대형 건설사들도 신용도에서 차이를 보이기 시작했다. 중도금 대출 등 부동산 규제가 추가되면서 눈여겨봐야 할 사항이다.

사례를 먼저 들어보자. 과거의 기준으로 보면 포스코건설은 상당히 우량한 건설회사다. 포스코그룹은 국가와 신용도가 맞먹는다. 이 포스코그룹의 계열사이니 회사의 안정성은 높다고 할 수 있다. 하지만 최근 포스코건설은 기존에 수주한 주요 재개발·재건축 사업장의 시공권을 계속 놓치면서 정비사업 추진이 쉽지 않게 되어가는 모양새다. 방배5구역과 과천주공1단지 재건축 사업장이 대표적이다. 방배5구역의 경우 사업비 대출과 지급보증을 두고 조합과 잡음이 발생했고, 과천주공1단지는 공사비 증액을 조합 측에 요구한 게 발단이 됐다고 한다.

유독 포스코건설이 이런 처지에 놓이게 된 것은 재무안정성 때문이라는 지적이 크다. 대형 건설사들이 해외 공사현장에서 수천억 원의 손실을 기록하며 무너지던 2013년에도 포스코건설은 4,500원의 영업이익을 기록하며 선전했는데, 격세지감이다. 2016년 포스코건설은 5조 4,961억 원의 매출에 8,674억 원의 당기순손실을 기록했다. 창사 이래 최악의 수준이다. 신용등급 또한 하락세다. NICE신용평가에 따르면 포스코건설의 장기신용등급은 2013년 'AA-(안정적)'이었지만, 2017년 2월에는 'A+(부정적)'를 기록 중이다.

2016년에만 2조 원 이상의 정비사업을 수주하며 재건축사업의 강자로 군림한 GS건설이 2017년에는 수주 전에서는 연거푸 고배를 마시고 있다. 대형 건설사 중에는 주택 부문 브랜드파워가 강한 GS건설의 위상마저 흔들리고 있다. 포스코건설과 컨소시움으로 수주한 방배 5구역의 경우 조합이 시공권 계약을 해지한 이유가 사업비 대출을 1금융이 아닌, 투자증권 등 2금융권에서 진행하는 안을 들고 온 것 때문이다. 조합 관계자의 말에 의하면 자금조달 문제로 계속 협의가 진행되었지만 지연되었고 결국 GS건설이 제시한 안은 금융비용 조달금리가 너무 높아 받아들일 수가 없었다고 한다. 이 같은 상황은 GS건설의 신용등급 하락이 한몫했다. 포스코건설과 마찬가지로 2013년 'AA-(안정적)'이었던 신용등급이 연거푸 하락해 2017년 현재 'A-'다. GS건설은 2016년 매출액이 11조 356억 원이었으나 순이익은 적자로 256억 원에 달한다.

중도금 대출규제로 시공사의 신용도 중요해져

재건축사업에는 수천억 원의 자금조달이 필요하다. 조합은 이 자금을 시공사로부터 조달받는데 시공사의 신용등급에 따라 대출여부와 방식, 금리 등이 결정된다. 특히 중도금 대출규제가 강화되는 현실에서 시공사의 신용도는 사업진행에 중요한 변수로 부각될 수밖에 없다. 재무건전성이 악화되면 기업의 신용도가 떨어지고 이는 재무 부담을 가중시키는 역기능으로 나타난다. 수주를 얼마나 하느냐가 중요한 것이 아니라 실질적인 이익창출로 안정적인 현금흐름을 만드는 노력이 필요하다는 말이다.

이제 재개발·재건축 사업에 투자할 때는 시공사의 재무건전성을 파악해야 한다. 대형 건설사라고 해서 모두가 똑같은 것은 아니다. 시공능력평가로 구분되는 1군 건설사 등의 기준은 이제는 큰 의미가 없을 수 있다. 10위 내에 들어가는 초우량 건설사마저 신용도가 낮아 2금융권 대출을 들고 올 정도니까.

그럼 어디서 건설사의 신용도를 파악할 수 있는가? 신용평가회사의 자료를 활용할 수 있다. 최근 NICE신용평가에서 작성한 보고서●에 의하면 현대건설과 대림산업은 신용위험을 '다소 낮음~낮음'으로 분류하였고, GS건설, 대우건설, 한화건설은 '다소 낮음~보통'으로 분류하였다. 이에 반해 포스코건설, SK건설, 삼성엔지니어링의 신용

● 홍세진, "2017년 주요 건설회사 신용위험 분석", 2017.2

〈이익 및 자금창출의 비동조화위험 + 재무안정성 지표와 현 등급 간의 이격도〉

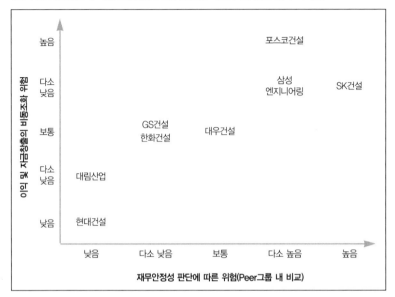

* NICE신용평가

위험은 모두 '다소 높음~높음'으로 판단하였다. 이들은 대부분 2013년 초까지는 동일한 AA–(안정적) 신용등급을 보유하였으나 중동 지역을 중심으로 한 해외 플랜트 공사의 대규모 원가율 조정 등으로 신용등급은 회사별로 차별화되었다. 지속적인 모니터링이 필요하다.

08

—

신탁사의
이유 있는 약진

서울 여의도동을 중심으로 활발하게 진행되던 신탁방식의 재건축이 전국으로 확산되는 모양새다. 마포구 '성산시영', 서초구 잠원동 '신 반포2차' 등 서울을 비롯하여, 부산 연제구 '망미주공', 경남 창원시 마산합포구 자산구역재개발 등도 신탁방식 도입을 검토하고 있다.

2016년 3월 '도시및주거환경정비법'의 개정, 시행으로 신탁사도 재건축 사업의 단독시행사로 참여할 수 있게 되었다. 신탁 방식 재건 축은 조합원 75% 이상의● 동의를 받으면 부동산신탁사가 사업 시행 자로 나서 비용을 부담하며 사업을 이끌어가는 방식이다. 현재 한국

● 토지소유자 4분의 3 동의와 토지면적 3분의 1 이상만 동의하면 신탁 방식으로 재건축을 진행할 수 있다.

자산신탁, 한국토지신탁, KB부동산신탁 등이 적극적으로 사업에 참여하고 있다.

신탁 방식이 사업 속도 빨라

신탁 방식의 재건축의 가장 큰 강점은 사업 속도다. 통상 아파트 재건축사업은 안전진단, 정비구역지정, 추진위원회 구성, 조합설립 인가, 사업시행 인가, 관리처분계획 인가, 이주·준공 등의 절차를 거치는데 각각의 사업단계에 만만치 않은 시간과 노력이 소요된다. 하지만 일반 조합방식 재건축사업과는 다르게 신탁방식은 추진위원회나 조합 설립이 필요 없기 때문에 사업추진속도가 빨라진다. 사업추진 속도가 빨라지면 자연스럽게 공사비를 절감할 수 있으며 1~3년 정도의 사업기간 단축에 따른 비용 절감효과는 상당할 것으로 예상된다.

사업의 투명성도 장점 중 하나다. 재건축조합이 아마추어라면 신탁사는 프로다. 따라서 신탁사의 체계적인 관리를 통해 공사비와 자금조달 비용 등이 줄어들고 조합 집행부의 비리나 횡령문제도 원천적으로 차단 가능하다. 시공사도 신탁방식을 환영한다. 사업 추진에 필요한 시공사의 신용을 제공하지 않아도 되기 때문이다. 중도금 대출이 어려운 상황에서 시공사의 신용이 필요한 대출은 부담된다.

단점도 있다. 1~2%에 달하는 신탁수수료를 신탁사가 가져가기 때

〈재건축 사업에 조합과 신탁방식 장단점〉

구분	조합 방식	신탁 방식
장점	입주민 의사 반영 용이 사업추진 과정에 주도권 확보	전문성, 투명성, 사업추진 속도 빠름
단점	비전문성, 개인 비리 가능성 사업 지연요소 많음	총 사업비의 1~2% 수수료 입주민 의견 반영에 유연성 떨어짐

문에 사업성이 하락할 수 있다. 시범아파트 재건축 추진위와 신탁사(한국자산신탁)가 맺은 신탁수수료율은 평균 1.62%로 알려졌다. 사업성이 떨어지는 재건축사업 대상지는 수익이 줄어들기 때문에 선뜻 나서기가 곤란하다.

수수료 부담과 소유주 의견 반영 어려움 등은 단점

재건축초과이익환수제가 적용되는 것도 악재다. 당초에는 신탁방식의 재건축은 재건축초과이익환수의 대상이 아니었지만 2017년 3월 '재건축초과이익환수에 관한 법률 일부 개정안'이 국회를 통과하면서 이제는 적용을 받게 되었다. 신탁방식의 재건축이 인기를 끌었던 이유가 재건축초과이익환수의 대상이 아니라는 점인데 혜택이 사라지면서 과거와 같은 주목을 받기는 어려울 듯하다.

소유주들의 의견 반영이 어렵다는 점도 문제다. 주민들의 의견을 반영하기 위해 '주민협의체' 등을 만든다고 해도 법적 지위가 없기 때문에 완전하지가 않다. 최근 SH공사에서 주민협의체에 법적 지위를

<연도별 신탁사 신규수주금액>

구분	2012	2013	2014	2015	2016
수주액	3,362억 원	3,639억 원	4,840억 원	8,600억 원	1조 865억 원
증가율	2.03%	8.21%	33.04%	77.69%	26.34%

* 금융감독원

부여하는 문제를 연구 중이다.

세부적으로는 부가가치세를 처리하는 주체를 누구로 할 것이냐의 문제도 남아 있다. 현 규정대로라면 조합인데, 새롭게 단체를 설립하던지 아니면 신탁사가 부담하던지 명확한 방법이 확정되어야 한다.

가장 큰 단점은 성공사례가 없다는 것이다. 신탁사들이 부동산사업에서는 전문가지만, 재건축사업의 경험은 전혀 없으며 지금까지 성공한 사례도 없어 사업과정 중간 중간 시행착오를 겪을 수도 있다. 사업성이 낮은 곳은 신탁사를 찾기 어렵고 사업성이 높은 곳은 굳이 신탁사에게 수수료를 지급하면서까지 시행사의 지위를 넘겨줄까도 의문이다. 그렇다면 재개발·재건축 사업을 활성화하기 위해 도입된 신탁방식 재건축사업이 지지부진해질 수도 있다는 말이다.

신탁사의 신규 수주금액은 가파른 상승세다. 2016년 국내 11개 신탁사의 수주금액은 모두 1조 865억 원으로 전년 대비 26.3% 증가했다. 2012년 3,362억 원과 비교하면 3배가 넘는 금액이다. 신탁사들의 약진은 건설·부동산 관련 회사들의 영역이 좁아질 수 있다는 말이다.

지금 이 글을 쓰는 중 국내 검색사이트를 방문하니 신탁방식에 대한 설문조사가 진행 중이다. 90%의 응답자가 신탁방식의 재건축을 찬성한다는 의견이다. 신탁방식의 재건축은 확산될 것으로 예상된다. 사업 속도가 빨라지는데 따른 혜택이 크며, 지금까지 조합의 비리가 너무 많았기 때문이다.

꼭 알아야 하는 재개발 · 재건축 법률상식

재개발 · 재건축 거래 시
특약사항

부동산 거래 시 특약은 '특별약정' 사항이다. 계약서 본문의 내용과 특약 내용이 충돌하는 경우 일반적으로 계약조항의 내용보다는 특약조항의 해석과 법적용이 우선한다. 계약에서 일반 약정조항은 민법에서 계약법을 준하여 공평의 원칙에 의하여 작성해야 한다. 그러나 특별약정, 즉 특약은 부동산 거래 계약서 작성의 당사자의 공평원칙을 위반하여 작성을 하더라도 매수자, 매도자의 합의 사항으로 모두 계약의 내용으로서 효력이 있다.

재개발 · 재건축 투자 시 유의사항

구도심 개발을 하는 곳에는 여러 가지 사업방식이 있다. 재개발사업인지 재건축사업인지 또는 지역주택조합 등 유사사업인지 아파트를 취득하는 자격을 갖출 수 있는 투자인지 확인해야 한다. 재개발의 경

〈재개발·재건축 매매 계약 시 특약사항〉

시점	내용
공통사항	• 본 계약은 ○○정비구역 재개발(재건축) 사업의 조합원 분양받을 권리(입주권)취득과 단독으로 분양받을 수 있는 분양자격 취득을 목적으로 한 계약이다. • ○○정비구역 분양받을 권리(입주권)가 없을 시 계약은 무효로 한다. • 조합원의 권리 의무는 승계한다.
기존 임차인이 있을 경우	• 기존 임차인은 매수인이 포괄승계하기로 하며 임차인의 주거이전비 수령에 적극 협조하기로 한다. • 현재 임차인에 대한 보증금은 잔금 지급일을 기준으로 정산하고, 월차임은 잔금 익일부터 매수인이 받기로 한다.
조합 설립 후	• 매수자는 소유권 취득 후 조합에 명의변경 신청을 하여야 하며, 매수자가 공유 취득일 경우 명의변경 시 대표 조합원을 선임하여야 하고 대표조합원 1인이 분양자격을 취득한다. • 소유권 이전 당시 분양받을 권리(분양자격)를 취득하였으나 추후 조합정관의 변경, 관리처분계획의 변경으로 인하여 분양대상에서 제외되어도 매수인은 이의를 제기하지 않기로 한다.
사업시행 인가 후	• 감정평가액은 ○○이며, 매수인은 감정평가액(종전자산평가액)을 확인하였다. • 매도인의 분양평형신청 내용은 1순위(84A), 2순위(59B), 3순위(72C)확인하였다.
관리처분 인가 후 (입주권)	• 이주비 대출은 승계하기로 한다. • 이사비는 매도인(매수인)이 가져가며 임차인의 이사는 매도인(매수인)이 책임진다. • 매도인은 단전·단수를 하지 않기로 하며, 단전·단수로 인하여 발생하는 취득세는 매도인이 부담하기로 한다.
분양 후	• 매수인은 분양계약서 원본 및 동·호수, 부담금 내역을 확인하였다. • 조합원의 기 납입된 계약금 ○○과 중도금 ○○조건, 잔금내역 ○○을 확인하였다. • 조합원에게 주는 혜택이나 옵션 등을 확인하였다.
입주 시	• 시공사와 조합에서 무상으로 지급하는 품목(냉장고, 에어컨, 비데 등)은 매수인 소유로 한다.
새로운 임차인	• 임차인은 정비사업 진행에 따라 이주시기가 되면 이사비를 요구할 수 없고, 재개발·재건축사업에 의해 주택임대차보호법에 의한 보호를 받지 못하므로 임대차 기간이 적용되지 않는다. • 정비사업의 원활한 진행을 위하여 적극적으로 협조하여야 한다.
무허가 건물	• 매도인은 무허가 건물에 대한 입증자료(무허가건축물 확인원, 항공사진, 재산세 납세증명서, 수도세, 전기세 등)를 제출하기로 한다. • 매도인은 무허가건축물 관리대장의 명의변경에 협조하기로 한다. • 국·공유지 점유에 의한 변상금, 점용료 등은 행정 담당자에게 확인하였다.
재개발 구역 나대지	• 재개발구역 나대지 취득 시 취득세 4.6%이며 조합원 자격에 대한 면적이나 조건은 매수인이 인지하였다. • 재개발구역 나대지는 관리처분인가와 동시에 주택으로 간주하여 주택 수에 포함된다. • 나대지 위의 건축 등은 정비구역이므로 제한을 받을 수 있다.
무주택자 토지	• 매수인은 무주택자로서 토지(20㎡ 이상, 또는 30㎡ 이상, 지목과 현황이 도로가 아닌 토지)를 매수함과 동시에 조합원 자격을 득하고, 사업시행 인가일로부터 공사완료 고시일까지 소유자 및 전세대원이 무주택을 유지해야 한다.

우 토지 또는 주택 중 하나만 소유해도 아파트를 취득하는데 문제가 없지만, 재건축의 경우 이와 달리 토지 및 주택을 모두 소유해야만 된다. 이처럼 재개발·재건축의 투자 시 특별히 유의해야 할 사항들이 있다.

첫째, 공유지분을 조심해야 한다. 한 물건에 여러 명의 공유자가 있어도 아파트는 1채 밖에 못 받는 경우도 있으니 공유지분일 때는 확인해봐야 한다.

둘째, 재개발은 조합설립 시 동의하지 않더라도 조합원 자격이 유지되지만 재건축구역일 경우 조합설립 시 동의하지 않으면 조합원 자격이 탈락되고 현금청산 대상이 된다. 재건축구역의 물건을 매수할 때에는 조합설립에 동의하여 조합원 자격을 유지하고 있는지 확인해야 한다.

셋째, 재개발구역의 무허가건물은 부속토지의 면적이 60m^2 또는 90m^2 이하일 경우는 지자체의 기준일 이후에 건축된 신 발생 무허가건축물은 입주권이 없을 수도 있으니 유의해야 한다.

넷째, 분양평형을 신청했는지 확인해야 한다. 80대 K할머니는 분양평형신청이 종료되고 관리처분인가 전 단계에 자신의 집을 팔려고 했다. 그런데 K할머니는 분양평형신청을 하지 않은 것이다. 즉 입주권이 없는 것이다. 거래할 수가 없는 물건이다. 입주권이 없는 물건을 누가 사겠는가? K할머니에게 '왜 신청을 하지 않았느냐' 물었더니 비대위가 집에 찾아와서 절대 분양평형신청을 하면 안 된다고 하고 안 하면 그냥 여기서 이사 가지 않고 살 수 있다고 해서 안 했다는 것이다. K할머니는 결국 청산대상자가 되었다. 이처럼 안타까운 일도 있다. 재개발구역에서 분양평형신청이 얼마나 중요한 것인지를 알 수 있는 예다. 재개발구역에서 감정평가액이 나오면 조합원은 분양평형신청을 하게 된다. 분양평형신청은 신청기간이 끝나면 다시는 번복하기 어려우니 신중하게 하여야 하며 조합은 조합원들의 분양평형 신청을 위해 개략적인 부담금 내용을 통보한다. 이때 분양평형신청 기간 내에 신청하여야 하며 이 시점에 재개발구역 물건을 매수할 때도 분양평형신청 여부와 신청한 평형을 확인해야 한다.

다섯째, 양도세를 간과해서는 안 된다. 재개발구역 관리처분계획 후 나대지도 주택 수에 포함되므로 나대지를 매수했거나 보유하고 있다면 주택 수에 포함 되므로 양도세 계산 시 신중해야 한다.

여섯째, 관리처분 후 물건을 거래할 경우에 주택거래도 취득세가 나대지로 부과될 수 있기 때문에 이주와 수도, 전기의 사용여부를 확인해야 한다. 관리처분 후 이주하지 않거나, 이주했다 해도 수도, 전기가 공급되고 있으면 주택으로 봐서 취득세를 주택으로 낼 수도 있다.

일곱째, 재개발에서는 여러 물권을 소유한 조합원이 있다. 한 사람이 물건을 여러 개 가지고 있지만 입주권(분양받을 권리)은 1개 밖에 없는 경우가 있다. 재개발 구역에서는 1세대 당 입주권 1개만 인정한다. 그래서 재개발 구역 매수 시에는 반드시 확인해야 할 부분이다.

재개발 · 재건축 사업의 기본절차

도시 및 주거환경정비법에서는 재개발 및 재건축의 사업 절차를 정해놓고 있다.

첫째, 기본계획을 수립한다. 기본계획수립단계는 기본계획서를 작성하여 주민 및 전문가 의견청취, 시의회 의견청취 후 도시계획위원회 심의를 거쳐 승인하고 고시한다.

둘째, 정비구역지정은 정비계획수립 후 관계기관과 협의, 주민설명회, 공람하고, 재건축인 경우 시행 여부 결정을 위한 안전진단을 하여 지방의회의견 청취를 거쳐 도시계획위원회 심의를 거쳐 정비구역을 지정한다.

셋째, 추진위 구성 및 승인은 토지 및 건축물 소유자 동의를 얻어 추진위를 구성하여 승인을 받는다.

넷째, 조합설립인가는 정관을 작성하여 토지 등 소유자 동의를 얻어 인가 신청하여 인가받는다.

다섯째, 사업시행인가는 사업시행계획서를 작성하여 토지 등 소유자의 동의를 받아서 인가 받는다. 일반적으로 시공사 선정 후 사업시행인가를 받는다.

여섯째, 관리처분계획인가는 분양 통지 및 공고, 분양신청, 관리처분계획 수립, 인가, 고시, 인가 내용의 통지(시행자 → 토지 등 소유자 또는 분양 신청자) 순으로 한다. 사업시행인가 후 감정평가를 실시하고 감정평가액이 결정되면 분양평형신청을 한 후 관리처분계획총회를 거친 후 인가를 받는다.

일곱째, 이주 착공 및 분양은 관리처분계획이 끝나면 이주를 하고 이주가 끝나면 착공준비, 시공보증, 착공, 분양 계획 작성, 입주자 모집 승인 신청, 일반 분양 순으로 한다.

여덟째, 준공 이전고시 청산은 준공검사, 준공인가 및 고시, 확정 측량 및 토지분할, 소유권이전고시 및 보고(조합), 청산금 징구, 지급, 및 등기 촉탁(시행자)순으로 한다.

아홉째, 조합해산은 청산법인설립, 서류 이관(조합 → 인허가권자)하면 정비사업의 모든 것이 종료 된다.

기본계획수립	관계행정기관협의 → 주민공람 → 시의회의견청취 → 도 도시계획위원회심의 → 고시

▼

정비구역지정	기초조사 → 입안 → 주민설명회 → 공람 공고 → 지방의회 의견청취 → 도 도시계획위원회 심의 → 지정

▼

추진위 구성 및 승인	토지 및 건축물 소유자 동의 → 추진위원회 구성 → 추진위원회 승인

▼

조합설립인가	정관 작성 → 토지 등소유자 동의 → 인가 신청 →인가 → 등기

▼

사업시행인가	사업 시행 계획서 작성 → 토지 등 소유자 동의 → 인가

▼

관리처분계획인가	분양 통지 및 공고 → 분양 신청 → 관리처분 계획 수립 → 인가 → 고시 → 인가 내용의 통지(시행자)

▼

이주 착공 및 분양	이주 → 착공 준비 → 시공 보증 → 착공 → 분양 계획 작성 → 입주자 모집 승인 신청 → 일반 분양

▼

준공 이전고시 청산	준공 검사 → 준공 인가 및 고시 → 확정 측량 및 토지분할 → 소유권 이전 고시 및 보고(조합) → 청산금 징구, 지급 및 등기 촉탁

▼

조합해산	청산 법인 설립 → 서류 이관(조합 → 인허가권자)

재개발 재건축 지금 사도 될까요?

제1판 1쇄 인쇄 | 2017년 8월 21일
제1판 1쇄 발행 | 2017년 8월 28일

지은이 | 심형석 · 박유현
펴낸이 | 한경준
펴낸곳 | 한국경제신문 한경BP
편집주간 | 전준석
책임편집 | 황혜정
외주편집 | 김선희
기획 | 유능한
저작권 | 백상아
홍보 | 남영란 · 조아라
마케팅 | 배한일 · 김규형
디자인 | 김홍신
본문디자인 | 디자인현

주소 | 서울특별시 중구 청파로 463
기획출판팀 | 02-3604-553~6
영업마케팅팀 | 02-3604-595, 583 FAX | 02-3604-599
H | http://bp.hankyung.com   E | bp@hankyung.com
T | @hankbp   F | www.facebook.com/hankyungbp
등록 | 제 2-315(1967. 5. 15)

ISBN 978-89-475-4245-6   03320